# 当美德遇上节日

中小学教师必读的
50个节日思政案例

陈 丹 / 著

经济日报出版社

图书在版编目（CIP）数据

当美德遇上节日：中小学教师必读的 50 个节日思政
案例 / 陈丹著. -- 北京：经济日报出版社，2023.2
　　ISBN 978-7-5196-1276-4

Ⅰ.①当… Ⅱ.①陈… Ⅲ.①中小学-思想政治教育
-教案（教育）-中国 Ⅳ.①G631

中国国家版本馆 CIP 数据核字（2023）第 021549 号

## 当美德遇上节日
中小学教师必读的 50 个节日思政案例

| | |
|---|---|
| 作　　者 | 陈　丹 |
| 责任编辑 | 王　含 |
| 责任校对 | 蒋　佳 |
| 出版发行 | 经济日报出版社 |
| 地　　址 | 北京市西城区白纸坊东街 2 号（邮政编码：100054） |
| 电　　话 | 010-63567684（总编室） |
| | 010-63584556　63567691（财经编辑部） |
| | 010-63567687（企业与企业家史编辑部） |
| | 010-63567683（经济与管理学术编辑部） |
| | 010-63538621　63567692（发行部） |
| 网　　址 | www. edpbook. com. cn |
| E - mail | edpbook@ 126. com |
| 经　　销 | 全国新华书店 |
| 印　　刷 | 成都兴怡包装装潢有限公司 |
| 开　　本 | 880mm×1230mm　1/32 |
| 印　　张 | 8.5 |
| 字　　数 | 250 千字 |
| 版　　次 | 2023 年 2 月第 1 版 |
| 印　　次 | 2023 年 2 月第 1 次印刷 |
| 书　　号 | ISBN 978-7-5196-1276-4 |
| 定　　价 | 68.00 元 |

# | 序 |

## 春风化雨　滋养美德

华耀国

一年 365 天，节日、纪念日诸多。打开这些节日、纪念日，每一个都是沉甸甸的百科全书。

走进"七一""八一""十一"，走进"五一""五四""十一三"，每一个红色的节日、纪念日，都闪烁着红色的光芒，一条条红色的道路呈现在人们面前，向人们昭示着一个又一个颠扑不破的红色真理，启示我们的下一代：我们从哪里来？又将往哪里去？传承红色基因，向着光明的未来前进，在红色节日、纪念日里，会寻见真理，明确方向，增添力量。

走进春节、元宵、端午、中秋、重阳喜庆欢快的节日，讲述绵长厚重的中华传统文化，感受家国情怀、忠孝礼仪，激励弘扬自强不息、孝老爱亲等中华传统美德；走进清明、立夏、秋分、冬至，传递古老的中华文明，感染精妙的中华智慧，让文化自信的种子在孩子们幼小的心田萌芽生成。

走进地球日、森林日、水日、航天日，炫目的科学技术，广阔的知识天地，现代百科知识充实孩子的头脑，培养未来一代开阔的胸襟、深邃的视野，激励他们在汲取丰富知识的同时，培养美好品德，锻炼理想情怀，努力成为堪当重任的时代新人。

立德树人，贵在善抓时机；滋养美德，重在润物无声。加强未成年人思想道德建设，党中央要求我们："各种法定节日，传统节日，革命领袖、民族英雄、杰出名人等历史人物的诞辰和逝世纪念日，建党纪念日、红军长征、辛亥革命等重大历史事件纪念日，'九·一八''南京大屠杀'等国耻纪念日，以及未成年人的入学、入队、入团、成人宣誓等有特殊意义的重要日子，都蕴藏着宝贵的思想道德教育资源。要抓住时机，整合资源，集中开展思想道德主题宣传教育活动。要组织丰富多彩的主题班会、队会、团会，举行各种庆祝、纪念活动和必要的仪式，引导未成年人弘扬民族精神，增进爱国情感，提高道德素养。"

全国优秀辅导员、姑苏青年拔尖人才陈丹总结28年工作经验，撰写了15万字的思政方案《当美德遇上节日》，这是她多年思政工作的丰硕成果，更是对新时代思政工作新思考的新答卷。50个生动活泼的活动案例，主题鲜明，形式新颖，深入浅出，寓教于乐，文笔清新，活泼精彩，足见陈丹老师优秀的政治思想素质和扎实的教育功底。

走在新时代，用好教育资源，深化思想道德教育，培养少年儿童的崇高理想、美好品德，我们每个人都要像陈丹这样，善于学习，善于实践，善于总结，善于提升。

（作者为原中国少先队工作学会副会长、原江苏省少先队总辅导员）

# 目　录

# 快乐过新年

正月初一　春节

【教学目标】

1. 联系生活，从"红火过新年""团圆过新年""守礼过新年"三方面初步了解春节的传统礼仪和习俗。

2. 在贴春联、贴福字、拜年等活动中，体会春节的文化内涵，传承中华优秀传统文化。

3. 了解多样化的春节。

【适用年级】小学低、中年级

【教学准备】了解春节的传说、习俗；制作课件

【教学过程】

**环节一："元宝"考考你**

小朋友们好，今天老师给大家带来了一个机器人朋友，想认识他一下吗？瞧，他来了！

元宝录音：2022 年 2 月 1 日，是我国一个特别重要的传统节日，是什么节？（农历春节，俗称新年）

示图补充：春节在我们中国已经有 4000 多年的历史了。

元宝录音：元宝最喜欢过春节了，可以穿新衣，戴新帽，还可以噼里啪啦放鞭炮，真是太开心了。小朋友，春节还可以做什么，让你也觉得很开心呢？

**环节二：红火过新年**

1. 贴春联，送春联，贴福字

贴春联：老师这儿有一副春联，谁来读一读（示实物）？这是上联——"春回大地"，这是下联——"福满人间"。这是一扇大门，该怎么贴呢？（上联贴右边，下联贴左边）中间还有横批（示实物）"新年大吉"，谁来读一读？（有错纠错）横批应该从右往左读，连起来读一读这副春联。

老师这儿还有一副春联，谁来读一读？到底哪句是上联，哪句是下联呢？（学生发言）意见不统一，听听元宝的办法吧。

元宝录音：告诉你们一个秘密，最后一个字是第三声或者第四声的，一般是上联；最后一个字是第一或者第二声的，一般是下联。

听了元宝的介绍，现在能确定哪句是上联了吗？一起读——"雪里江山美，花间岁月新。"

贴福字：春节里，我们贴春联、送春联，还要贴"福"字（出示书法"福"字）。该怎么贴？请学生上台现场演练。他贴得对不对？（正着贴，"有福"；倒着贴，"福到"）

2. 贴窗花

春节里，人们还要做什么？（挂灯笼、贴窗花、放鞭炮……）

我们一起来欣赏一组美丽的窗花。（播放窗花视频）

你最喜欢哪款窗花？知道它代表什么美好的寓意吗？（年年有余、一帆风顺、四季平安、马到成功、万事如意）

今年是虎年，老师要送给同学们一组老虎窗花，希望同学们在新的一年健健康康、虎虎生威。

3. 年兽的故事

春联、福字、窗花、灯笼、鞭炮、红包，它们有什么共同特点？（红色）为什么都是红色？

A. 红色代表了喜庆和吉祥。（板书：红火过新年）

B. 为了赶跑年兽。（播放视频《年兽的故事》）年兽的故事是一个传说，表达了人们对平安幸福的渴望。

4. 拓展

春节里，人们还会做什么呢？（舞龙、舞狮、踩高跷、跑旱船）

（示图）看，这两幅图上的人在干什么？

祭奠老祖宗：感恩不忘本。

给灶王爷上香：地方习俗。

**环节三：团圆过新年**

1. 读懂菜的含义

春节里，人们都要从四面八方赶回家，吃团圆饭。你最喜欢吃什么菜，知道它有什么特殊的含义呢？

鱼——年年有余；汤圆——团团圆圆；年糕——年年高；鸡翅——展翅高飞；四喜丸子——四季平安；青菜——（苏州方言）有青头；韭菜——长长久久；粗粮——五谷丰登。

小结：每一道菜都有着吉祥的寓意，表达了人们对新一年的美好祝愿。

2. 读懂亲情

（示图）为了吃这顿团圆饭，人们千里迢迢，乘飞机，坐火车，风尘仆仆赶回家，有这个必要吗？（为了团圆）

（示图）人们赶回家吃年夜饭，是为了这份情、这份爱啊！中国人，就喜欢——团圆过新年（板书）。

3. 线上过春节

许多小朋友的老家都在外地，可是因为疫情，近几年好多人都没有回家过年，该怎么办呢？（可以在线上过年，如发短信祝福、拍小视频拜年、微信红包、视频通话、腾讯家庭会议等）

小结：是啊，科技的发展，让我们即使远隔千里，也能"一起过新年"。

**环节四：守礼过新年**

1. 学习拜年礼仪

拜年可不是小事，要有礼有节。先来学一学。（播放视频：左手在里，右手在外，两只大拇指相并拢，从左到右三叩首，说："新年好！"）

除了打躬作揖说"新年好"，我们还要送上祝福的话。你准备给谁拜年？说什么祝福的话呢？同桌先练一练。

（师演）我是 70 岁的奶奶，怎么给我拜年？

（师演）我是在读大学的哥哥，怎么给我拜年？

（师演）我是在上海工作的小姨，马上就要结婚了，怎么给我拜年？

（师演）我是在内蒙古做生意的叔叔，怎么给我拜年？

2. 给同学拜年

同学之间怎么互相拜年呢？（现场演练）

小结：拜年是我们中华民族的传统礼仪，我们要——守礼过新年（板书）。

**环节五：少数民族、各地华人过春节**

1. 少数民族春节习俗

我们的祖国有 56 个民族，56 个民族有着不同的过春节的习俗，你们瞧（播放视频集锦），他们是怎么过春节的？

2. 世界各地华人过春节

（示图）生活在世界各地的华人，他们也都要热热闹闹过春节。仔细看图，你发现了什么？（都有龙）是啊，我们是龙的传人，无论我们身在何处，永远都要（齐读课题）——快乐过新年！

板书：

**快乐过新年**

红火过新年　团圆过新年　守礼过新年

# 中国二十四节气

2月3日至5日　立春

【教学目标】

1. 认识二十四节气，诵读《节气歌》，培养学生对中国传统文化的热爱。

2. 诵读"立春"的相关谚语、古诗，知道"立春"与天文、农事、物候、民俗的关系。

【适用年级】小学高年级、初中

【教学准备】了解中国二十四节气；制作课件

【教学过程】

**环节一：认识二十四节气**

老师先来考考大家。大家知道蚕豆是什么时候下种、什么时候成熟的吗？知道一年365天中，哪一天白天的时间最长、哪一天白天的时间最短吗？要回答这些问题，我们先要认识中国的二十四节气。

1. 二十四节气的由来

科学博士介绍（播放视频）：我国的星象文化源远流长、博大精深，古人很早就开始探索宇宙的奥秘，并由此演绎出了一套完整深奥的观星文化（板书：二十四节气）。"二十四节气"是上古农耕文明的产物，它与天干地支以及八卦等是联系在一起的，有着久远的历史。二十四节气分别为（出示转盘图）：立春、雨水、惊蛰、春分、清明、谷雨、立夏、小满、芒种、夏至、小暑、大暑、立秋、处暑、白露、秋分、寒露、霜降、立冬、小雪、大雪、冬至、小寒、大寒。

2. 诵读《二十四节气歌》

春雨惊春清谷天，夏满芒夏暑相连，

秋处露秋寒霜降，冬雪雪冬小大寒。

要更好地理解《二十四节气歌》的内涵，我们需要了解每个节气的特点。老师这里有一只"盲盒"，请24位同学上台抽取纸卷及头饰，戴好头饰，以最快的速度按顺序排队，并介绍纸卷上关于这个节气的内容。

3. 二十四节气知识竞赛

下面请男、女生分别推选2位代表上台进行"二十四节气知识竞赛"，其他同学作为后援团，每题可讨论半分钟。

单选题：

| |
|---|
| （1）以下哪一种花的花期在惊蛰？（　A　）<br>A. 蔷蔷　　B. 牡丹　　C. 荷花　　D. 山茶<br>（2）哪一句诗描写了寒露这一节气？（　B　）<br>A. 露从今夜白，月是故乡明。<br>B. 露湿寒塘草，月是故乡明。<br>C. 鸟语竹阴密，雨声荷叶香。<br>D. 池上秋又来，荷花关成子。<br>（3）在我国沿海一带，这一天有"斗蛋"的民俗。是日中午，家家户户都要煮好鸡蛋。鸡蛋带壳清煮，不能破损。用冷水浸上数分钟之后，再套上早已编织好的丝网袋，挂于孩子颈上。（　C　）<br>A. 大暑　　B. 夏至　　C. 立夏　　D. 小暑<br>（4）下列属于二十四节气中的最热的节气是哪个？（　B　）<br>A. 小暑　　B. 大暑　　C. 立夏　　D. 夏至<br>（5）"种瓜点豆"是哪个节气前后？（　C　）<br>A. 春分　　B. 立春　　C. 谷雨　　D. 雨水 |

(6) 什么节气代表夏天的开始。（　B　）

A. 夏至　　　B. 立夏　　　C. 小暑　　　D. 芒种

(7) 夏至的时候，北斗七星的斗柄指向哪个方向？（　B　）

A. 正东　　　B. 正南　　　C. 东南　　　D. 正北

判断题：

(1) 处暑的"处"是躲藏终止的意思。　　　　　　　　（　√　）

(2) 九九歌：从冬至当天开始数，每九天为一个九，一直数到九九，数完九九，天气就变暖了。　　　　　　　　　　　　（　√　）

(3) 二十四节气起源于长江流域。　　　　　　　　　　（　×　）

(4) 惊蛰节气桃花开。　　　　　　　　　　　　　　　（　√　）

(5) 谷物颗粒已经开始饱满，但是还没有成熟，这指的是芒种节气。
　　　　　　　　　　　　　　　　　　　　　　　　　（　×　）

(6) 家家户户吃水饺，这个习俗在冬至节气。　　　　　（　√　）

(7) "冬天麦盖三层被，来年枕着馒头睡"，这里的"被"指的是小雪。　　　　　　　　　　　　　　　　　　　　　　　　　（　×　）

(8) 萤火虫飞舞是大暑节气的现象。　　　　　　　　　（　√　）

### 环节二：二十四节气之首——立春

1. 立春习俗

立春，又名正月节、岁节、改岁、岁旦等，为二十四节气之首，代表万物的起始。立春，大地回春，终而复始，万象更新，在传统观念中，具有吉祥的含义。立春岁首对于传统农耕社会具有重要意义，重大的拜神祭祖、祈岁纳福、驱邪禳灾、除旧布新等庆典均安排在立春日及其前后时段举行。请看下面4幅图，猜猜这是关于立春的什么习俗？（句芒神、鞭春牛、咬春、戴春鸡）

不同地区有不同地区的风土习惯，同学们，立春时节，你们家还会做什么呢？（如剪窗花、贴春联等）

"立春"也有很多禁忌，如立春之日不看病、不理发、不能躺着，要出门走走，忌讳吵架、搬迁等。这些习俗表达了人们对这一时节的重视，还传递着健康、感恩、和睦等对新生活的美好向往。

2. 立春气候

出示小明的观点：立春了，天气就暖和了，我们马上会迎来春暖花开的美景。

你同意小明的观点吗？为什么？

（示图）我们的祖国有 960 万平方千米，地域辽阔，时至立春，北回归线（黄赤交角）及其以南一带，可明显感觉到早春的气息扑面而来。而在以北大部分地区，只能说进入春天的前奏，万物尚未复苏，还处于闭藏的冬天。

3. 立春谚语、古诗

关于立春，流传着许多谚语，请同学们交流。

如"立春一年端，种地早盘算""春争日，夏争时，一年大事不宜迟"等。这些谚语不仅表现了立春在农业耕种方面的重要性，也体现了中国人勤劳质朴的品质。古人还为立春留下了许多诗篇，一起来诵读：

### 天净沙·春

［元］白朴

春山暖日和风，阑干楼阁帘栊，杨柳秋千院中。
啼莺舞燕，小桥流水飞红。

小结：同学们，二十四节气是我们中华民族科学和文化的瑰宝（板书：瑰宝），2016 年 11 月入选联合国教科文组织人类非物质文化遗产代表作名录。作为华夏子孙，我们应该为之感到骄傲和自豪。

板书：

### 中国二十四节气

瑰宝

# 正月十五闹元宵

农历正月十五　元宵节

【教学目标】

1. 了解元宵节的由来、传说及节日习俗。

2. 汲取健康向上的民俗文化营养，弘扬民族精神。

3. 制作花灯、学做汤圆，培养劳动意识和合作意识。

【适用年级】小学中、高年级，初中一年级

【教学准备】了解元宵节的由来；制作课件

【教学过程】

**环节一：元宵节的由来和传说**

中华文化源远流长，每个节日都有自己的来源，每个节日都有自己的传说。正月十五，我们又迎来了中国的传统节日——元宵节。下面请2位同学分别介绍元宵节的由来与传说。

1. 节日由来

正月是农历的元月，古人称夜为"宵"，正月十五夜是一年中第一个月圆之夜，所以正月十五为"元宵"，也称"上元"。元宵节的起源很古老，远古时人类在过节时以火把驱邪，祭祀天神，后来逐渐演变为观灯习俗，在中国已有2000多年的历史了。元宵佳节，人月两圆，这是一个令所有中国人企盼的日子。

2. 节日传说

"元宵节"的传说很多，我们来听听这个故事：

传说在很久以前，凶禽猛兽很多，四处伤害人和牲畜，人们就组织起来去打它们，有一只神鸟因为迷路而降落人间，却意外地被不知情的猎人给射死了。天帝知道后十分震怒，立即传旨，下令让天兵于正月十五日到人间放火，把人间的人畜财产通通烧死。天帝的女儿心地善良，不忍心看百姓无辜受难，就冒着生命危险，偷偷驾着祥云来到人间，把这个消息告诉了人们。

众人听说了这个消息，吓得不知如何是好。有个老人家想出个法子，他说："在正月十四、十五、十六日这三天，每户人家都在家里张灯结彩、点响爆竹、燃放烟火。这样一来，天帝就会以为人们都被烧死了。"大家听了都点头称是，便分头准备去了。人们就这样保住了自己的生命及财产。从此，每到正月十五，家家户户都悬挂灯笼、放烟火来纪念。

**环节二：元宵节的习俗**

元宵节这天晚上，皓月高悬，人们会举行各种各样的活动以示庆贺，非常热闹，所以我们说"正月十五闹元宵"。元宵佳节有哪些有趣的习俗呢？下面请各小组上台交流。

第一组：元宵赏灯

1. 历代赏灯盛况：元宵燃灯的风俗起自汉朝。到了唐代，赏灯活动更加兴盛，皇宫里、街道上处处挂灯，还要建立高大的灯轮、灯楼和灯树。宋代更重视元宵节，赏灯活动持续 5 天，灯的样式也更丰富。明代连续赏灯 10 天，这是中国最长的灯节。清代赏灯活动盛况空前，还放烟花助兴。

2. 花灯种类：（示图）元宵彩灯种类很多，有龙灯、荷花灯、宫灯、走马灯、兔子灯、纱灯、花篮灯、蘑菇灯等。我们来看一段南京夫子庙元宵灯会及舞龙舞狮的录像（播放录像）。

觉得怎样？（火树银花、蔚为壮观、百盏千灯、喜庆吉祥）

3. 诵读古诗：在古人的诗词里，我们都能找到元宵节的踪迹，下面我为大家诵读一首词：

## 青玉案·元夕

### ［宋］辛弃疾

东风夜放花千树，更吹落，星如雨。宝马雕车香满路。凤箫声动，玉壶光转，一夜鱼龙舞。

蛾儿雪柳黄金缕，笑语盈盈暗香去。众里寻他千百度，蓦然回首，那人却在，灯火阑珊处。

第二组：喜猜灯谜

1. 猜谜方法：元宵节最具智力挑战的是猜谜活动。猜谜可是要讲究方法的，谜面用过的字，谜底一定不会出现，谜底出现相同的字叫"露春"，必须避免。猜谜方法有会意法、象形法、离合法、别解法、半面法、方位法、减补法、减损法、排除法、抵消法、问答法、运典法等。

2. 趣味猜谜：如果大家感兴趣，我们来猜10则灯谜：

| |
|---|
| （1）早上莫来傍晚来（打一字）——谜底：暮 |
| （2）放学之后（打一字）——谜底：孜 |
| （3）前仆后继（打一成语）——谜底：死去活来 |
| （4）庄稼人（打一作家名）——谜底：田汉 |
| （5）人到暮年倍思乡（中药名二）——谜底：白头翁、怀生地 |
| （6）你我各一半，互相来征战（打一字）——谜底：伐 |
| （7）通古今之变（打一古代著作）——谜底：明史 |
| （8）反手上篮（打一字）——谜底：笔 |
| （9）灭鼠运动（打一军事名词）——谜底：消耗战 |
| （10）归心似箭（打一称谓）——谜底：思想家 |

第三组：品味亲情

1. "吃"的文化：（示图）中华民族历史悠久，创造了灿烂的节日文化，"吃"是其中重要的一个部分。春节吃饺子、年糕，端午节吃粽子、咸鸭蛋，重阳节吃重阳糕，元宵节吃元宵。"元宵"是北方人的说法，南方人叫"汤圆"。香甜的汤圆，不仅有对甜蜜幸福生活的憧憬，还有对亲人浓浓的美好祝福。

2. 欣赏歌曲：元宵被写进诗里，还被谱成曲子，传唱至今。一起来学唱一首台湾民谣《卖汤圆》。

**环节三：自制手工元宵**

1. 大厨介绍

今天，我们请来了学校食堂的大厨，他要教我们做一款非常美味的手工元宵。馅料的准备是最关键的，大厨为我们拍摄了视频，请他结合视频为我们做介绍。

2. 学习制作

3. 品尝美味

品尝着美味，请同学们谈谈体会。（劳动创造甜蜜的生活）

课堂总结：中国传统节日源远流长，留存着人类独特的文化记忆。春节、元宵节、清明节、端午节……一个节日一道风景，浓墨重彩，散发着历史与文化的芳香，它们已随中华民族走过千年，跨越时空，延续至今，并将继续走向未来。中国人最注重亲情，元宵节是大家期盼的团圆节，家人团圆是中华文化最为看重的地方，我们有责任将这一传统文化传承并发扬光大。（板书：传承、发扬）

板书：

### 正月十五闹元宵

传承　发扬

# 北京冬奥会　一起向未来

2022 年 2 月 4 日至 2 月 20 日　北京冬奥会

【教学目标】

1. 了解疫情期间，北京安全、圆满承办冬奥会所付出的努力，感知伟大的中国力量和中国精神，激发民族自尊心、自豪感。

2. 从冬奥健儿身上汲取顽强拼搏的勇气和力量。

3. 感受中国传统文化的魅力和现代科技的先进。

【适用年级】各年级

【教学准备】回看冬奥；制作课件

【教学过程】

**环节一：回眸北京冬奥**

1. 冬奥知识竞答

2022 年，是值得骄傲的一年，在全球疫情肆虐的情况下，中国通过实行闭环管理，成功举办了第 24 届冬奥会、冬残奥会，受到了世界各国的高度赞扬。国际奥委会主席托马斯·巴赫说："北京冬奥会创造了历史。"你了解冬奥吗？

> （1）第 24 届冬季奥林匹克运动会，在（　　）举行。（北京）
>
> （2）北京冬奥会开幕和闭幕的时间分别是（　　）（　　）。（2022 年 2 月 4 日，2022 年 2 月 20 日）
>
> （3）北京冬奥会、冬残奥会的主题口号是（　　）。（一起向未来）
>
> （4）北京冬奥会的吉祥物是（　　）和（　　）。（冰墩墩，雪容融）

（5）北京冬奥会共有（　　）个国家和地区参赛。(91)

（6）北京冬奥会中国共获得（　　）金（　　）银（　　）铜。(9, 4, 2)

（7）北京冬奥会开幕式、闭幕式导演是（　　）。（张艺谋）

（8）北京冬奥会的会徽名字为（　　）。（冬梦）

（9）谷爱凌在（　　）项目上夺得2金1银。（自由式滑雪）

（10）看图，说出冬奥冠军的名字及获奖情况。

2. 中国冬奥健儿的高光时刻

欣赏视频《中国夺金集锦》及2022年冬奥奖牌榜，谈感受。

| 国家 | 金牌 | 银牌 | 铜牌 |
| --- | --- | --- | --- |
| 挪威 | 16 | 8 | 12 |
| 德国 | 12 | 10 | 5 |
| 中国 | 9 | 4 | 2 |
| 美国 | 8 | 10 | 7 |
| 瑞典 | 8 | 5 | 5 |

小结：运动员夺金的高光时刻，令亿万国人精神振奋。中国体育的强大，源于中国运动员顽强拼搏的精神，更源于强大的祖国的支持和支撑。

**环节二：冬奥感人瞬间**

在北京冬奥会的16天里，太多的感动令人难忘，除了那些闪光的获奖时刻，还有为了梦想奋不顾身、勇于挑战、超越自我的奥运精神，不分年龄、不分国籍的世界友谊。课前，同学们通过投票，选出了冬奥"十大"感人瞬间，有请10位同学上台介绍，带我们再次回顾冬奥赛场上泪与笑共飞扬的瞬间。

| 冬奥"十大"感人瞬间 | |
|---|---|
| 1 | 在短道速滑男子1000米决赛中,武大靖在体力不支时推了一下任子威的手,一声"换命"的"走"感动了无数人。 |
| 2 | 短道速滑男子5000米接力半决赛中,李文龙摔倒后示意队友别管自己继续比赛,任子威转回头接力后奋起直追。 |
| 3 | 在自由式滑雪空中技巧混合团体赛中,贾宗洋失利,与金牌失之交臂。贾宗洋痛苦得双手抱头大叫,徐梦桃上前送上拥抱。 |
| 4 | 美国选手阿什利·考德威尔第一时间紧紧拥抱徐梦桃,一边亲昵地称呼她"桃桃",一边祝贺着她在自己家乡赢得了奥运冠军。 |
| 5 | 中国小将高弘博赛前受伤,脚踝骨折,但依然坚持出战。在奥林匹克赛场,即使遍体鳞伤,也不曾失去再战的勇气。 |
| 6 | 单板滑雪女子U型池决赛中,邱冷向镜头展示了自己手掌里写给未晋级队友武邵桐的话:"老武,加油!"神仙友谊,感动世界。 |
| 7 | 肖恩·怀特曾三度将冬奥会单板滑雪U型池冠军收入囊中,成为冬奥会史上首个单板滑雪三冠王。他宣布北京冬奥会后就退役时,失声落泪。 |
| 8 | 德国速滑选手克劳迪娅·佩希施泰被称为"滑冰奶奶",是世界上第一位参加了八届冬奥会的女选手,本次冬奥她迎来50岁生日。 |
| 9 | 2月8日,谷爱凌和瑞士选手玛蒂尔德·格雷莫德在比赛后安慰法国选手泰丝·勒德。赛场上是对手,赛场外是朋友。 |
| 10 | 17岁的中国小将苏翊鸣,夺得1金1银后,和两名加拿大选手拥抱。苏翊鸣说:"他们是我的偶像,我从小就是看着他们的视频、模仿着他们的动作长大的。能够和他们一起站上领奖台,我感到十分荣幸。" |

听完10个感人瞬间,请同学们谈谈此刻的感受。

小结:中外运动员在冬奥舞台上相互鼓励、传递友情的美好瞬间,书写了"相互理解、友谊长久、团结一致和公平竞争"的奥林

匹克精神。当泪水与汗水交相辉映，当人类之光在竞技中熠熠生辉，我们对未来满怀希望！（板书：奥运精神）

**环节三：冬奥偶像故事**

你的冬奥偶像是谁？说说他（她）的故事。例：

天才少女谷爱凌：谷爱凌的妈妈叫谷燕，北京人，美国斯坦福大学毕业后成了一名滑雪教练。2003年，谷爱凌在美国加州出生，3个月大的时候，妈妈就每天开车带她到4小时车程之外的滑雪场，耳濡目染下，3岁的谷爱凌就有了自己的滑雪板。在滑雪运动中，她展现出了惊人的天赋——3岁开始练习，8岁正式加入美国南北联盟滑雪队，9岁就拿了美国少儿组滑雪冠军……她是冠军，也是学霸，谷爱凌以接近满分的成绩考入斯坦福大学。2019年6月6日，谷爱凌正式宣布加入中国国籍，她说："我热爱中国，我是中国人，能为我的祖国争光我感到很光荣。"

欣赏一组谷爱凌的比赛实况。崇拜理由：杰出、爱国。

日本选手羽生结弦：奥运精神无关国籍，中国观众对日本花滑选手羽生结弦的喜爱，始于颜值，陷于才华，忠于人品。羽生结弦共19次打破世界纪录，是国际大赛男单项目冠军超级全满贯第一人。中央电视台几近完美的解说词："容颜如玉，身姿如松，翩若惊鸿，婉若游龙。幸得识君桃花面，从此阡陌多暖春。我们非常庆幸，能够在羽生结弦最美好的年纪遇见了他。时光作渡，眉目成书，从此我们的深情不被辜负……"优雅、谦虚、内敛是羽生结弦的标签，他已然将素养刻在了骨子里。

欣赏一组羽生结弦的比赛实况。崇拜理由：优雅、谦逊。

**环节四：领略冬奥之美**

冬奥会，处处体现着中国美美与共的自豪。你觉得冬奥美在哪？根据课前研究进行交流。

1. 模仿解说，展现中国文化之美

解说冬奥会徽：北京 2022 年冬奥会会徽"冬梦"，运用中国书法的艺术形态，将厚重的东方文化底蕴与国际化的现代风格融为一体，呈现出新时代的中国新形象、新梦想。

解说冬奥开幕式：张艺谋导演的开幕式唯美至极。用橄榄枝连接所有国家的雪花牌，用星星之火，点燃雪花中心，点燃起每个国家的冬奥热情。没有熊熊燃烧的巨大火炬，只有燎原之势的星星之火，这不是吝啬与蔑视，而是简约与内涵。开幕式，透露着中国人刻在骨子里的浪漫。

2. 情境表演，感受志愿服务之美

情境表演描述：以北京化工大学学生徐天然入选冬奥志愿者并进行服务的过程，展现 2.7 万冬奥志愿者的付出。国际奥委会主席托马斯·巴赫致信北京 2022 年冬奥会、冬残奥会志愿者。（播放信的录音）

小结：每一位志愿者都是一枚水滴，他们良好的精神面貌、崇高的价值追求和强烈的社会责任感汇聚成一股时代的洪流，打造出一个可信、可爱、可敬的中国。

3. 相声表演，领略中国科技之美

北京冬奥可圈可点，冬奥之美还充分体现在"科技之美"。

请听相声《冬奥黑科技》。

小结：这就是中国科技！这就是中国力量！（板书：中国力量）

**环节五：践行冬奥精神**

1. 贴一贴，立志向

人生，是一条最长的赛道，在人生的赛场上，你有什么目标呢？写下来，贴在书桌右上角。

2. 写一写，有规划

为了实现目标，你准备给自己列一份怎样的"成长规划"呢？

3. 唱一唱，树信心

有目标，有行动，让我们一起拥抱未来！齐唱冬奥主题曲《一起向未来》。

小结：习近平总书记在北京冬奥会表彰大会上讲话指出："历经7年艰辛努力，中国向世界奉献了一届简约、安全、精彩的奥运盛会……我们向国际社会兑现了中国承诺，全方位展示了中国实力，这是冬奥历史上最辉煌的一届运动会，是一次具有里程碑意义的事件。"让我们践行冬奥精神，怀揣信心，一起向未来！

板书：

### 北京冬奥会　一起向未来

奥运精神　中国力量

# 学习雷锋好榜样

3 月 5 日　学雷锋日

【教学目标】

1. 了解雷锋生平事迹，学习雷锋刻苦学习、无私奉献等优秀品质。传播雷锋精神，弘扬中华美德。

2. 挖掘身边的好人好事，鼓励学生做新时代的小雷锋。

【适用年级】各年级

【教学准备】调查身边的好人好事；制作课件

【教学过程】

中华民族是崇尚英雄、成就英雄、英雄辈出的民族。习近平总书记说："祖国是人民最坚实的依靠，英雄是民族最闪亮的坐标。"今天让我们认识一位英雄，他的名字叫——雷锋。

**环节一：苦水里泡大的"庚伢子"**

雷锋的童年经历了我们想象不到的苦难，他是苦水里泡大的"庚伢子"。请同学们阅读资料：

1. 悲惨的身世

雷锋，原名雷正兴。1940 年 12 月 18 日，雷锋出生在湖南长沙一个贫苦农民的家里。因为这一年是农历"庚辰"年，他的父母就给他取了个乳名——"庚伢子"。雷锋出生的时候，正是抗日战争时期，人民生活于水深火热之中。雷锋的爷爷，叫雷新庭，因为无力偿还地租，悲愤交加，在新年的鞭炮声中被活活逼死。雷锋的父亲，叫雷明亮，从小和雷锋的爷爷一起干农活，1944年被日本鬼子拉去做挑夫，由于反抗遭受毒打，于1945年春天病死。雷锋的哥哥，叫雷振德，12岁就去做童工，受伤没钱医治，1946年也死去了。雷锋还有一个未成年的弟弟，也是连饿带病死在妈妈的怀里。

雷锋6岁的时候，家里只剩下了他和妈妈两个人。雷锋的母亲吃苦耐劳，性格刚强，在给地主唐四滚子家当佣人时受尽了欺压和凌辱。在暗无天日的旧社会，穷人根本无处伸冤。雷锋的母亲不甘凌辱，最终含恨自尽。

雷锋的童年为什么这么苦难？（旧社会的黑暗、帝国主义的侵略）

2. 流血的伤口

雷锋成了孤儿后，又是怎样生活的呢？观看电影片段。

片段描述：雷锋上山砍柴，被地主婆看见，地主婆指着雷锋破口大骂，并抢走了柴刀。雷锋哭喊着要夺回砍柴刀，那地主婆竟举起柴刀在雷锋的左手背上连砍三刀，鲜血顺着手指滴落在山路上……

听了雷锋的故事，你觉得雷锋是个怎样的孩子？

**环节二：新中国的第一代少先队员**

1949年8月，共产党领导的人民解放军开进了雷锋的家乡，雷锋的生活发生了翻天覆地的变化。请2位同学来讲一讲。

1. 好学上进的雷锋

1950年，新中国成立第二年，雷锋10岁，人民政府保送雷锋进入小学免费读书。在龙迴塘小学的第一堂课上，雷锋一笔一画在作业本上写下"毛主席万岁"几个大字。

雷锋特别爱读书，什么活动都积极参加，学校里组织的跳舞、学普通话、演讲、打球、献花、政治学习等各种活动都能见到他的身影。1953年6月，雷锋就光荣加入了中国少年先锋队，成为新中国第一代少先队员。

雷锋小时候学习特别刻苦，事事都想争第一，成绩始终名列前茅。他热心于少先队活动，什么旗手、鼓手、中队委员、少先队代表，他都干得非常出色。有个同学曾给雷锋编了一个顺口溜，我们一起来读一读：

小小雷正兴，家里贫又穷，赶路几十里，早到第一名。

学习他最好，活动他最行。大家学习他，争做好学生。

2. 毕业典礼上的发言

1956 年夏，雷锋小学毕业。在毕业典礼上，系着红领巾、穿着白衬衣的雷锋上台发言，他说（听录音）——

"……将来，如果祖国需要，我要响应党的号召当一名新式农民，驾驶拖拉机耕耘祖国大地；将来，如果祖国需要，我就去做个好工人建设祖国；将来，如果祖国需要，我就去参军做个好战士，拿起枪用生命和鲜血保卫祖国，做人类英雄……"

你觉得雷锋还是个怎样的孩子？

**环节三：华夏大地孕育的平民英雄**

1960 年 1 月，20 岁的雷锋当兵了，他从家乡出发，远赴东北，走进了军营。同年 11 月，他加入了中国共产党。在部队的培养和教育下，以"钉子"精神刻苦学习；以"螺丝钉"精神，干一行、爱一行、钻一行。在雷锋短暂的一生中，帮助了无数认识和不认识的人。"雷锋出差一千里，好事做了一火车。"

1. 演雷锋故事

有一次，雷锋外出执行任务，在沈阳火车站换车，在检票口，发现一群人围看一个中年妇女，妇女的背后还背着一个小孩。

这个妇女坐在地上号啕大哭，雷锋上前询问怎么回事，原来她娘家在山东，可她不小心将火车票丢了，身上又没钱，已经在车站饿了一天。

雷锋一听，赶紧去买了一张去山东的火车票塞到大嫂手里，还顺带着 10 元钱。大嫂激动地说："大兄弟，你真是好人啊，你叫什么名字？是哪个单位的？"雷锋说："我叫解放军，就住在中国。"

结合课前的了解，你还知道雷锋做过哪些好事？（他把省吃俭用积攒下来的钱寄给经济困难的战友家；他经常在节假日到部队驻地做勤务员；他雨天背孩子回家；他当校外辅导员，给孩子讲故事……）

2. 读雷锋日记

> **1962 年 8 月 10 日**
>
> 今天我认真学习的一段毛主席著作，其中有两句话对我教育最深。毛主席教导我们"虚心使人进步，骄傲使人落后"，这是千真万确的真理。过去我在一切言论或行动中按主席的教导做了，因此我进步了，现在我仍要牢记主席的这一教导，坚决努力，要求自己更好地做到这一点。今后我要更加热爱人民和尊重人民，永远做群众的小学生，做人民的勤务员。
>
> **1962 年 5 月 8 日**
>
> 今天部队发放了夏天的服装，本来每人发两套军服，两双胶鞋，我想当前国家正处在困难时期，再说我们的国家还很穷……为了和人民群众同甘共苦，减轻人民的负担，共同克服目前的困难，我只领了一套单军服，一双新胶鞋，其他用品也少领了。以前用过的东西我都修补好了，继续使用，穿破了的衣服补好了再穿，我觉得就是现在穿一套打补丁的旧衣服，也比我过去披的破烂衣服要好千万倍呀！

你还知道雷锋在日记中记录了哪些内容？读了雷锋的日记，你觉得雷锋是个怎样的人？（谦虚自律、艰苦朴素、热爱集体）

3. 诵雷锋名言

1962 年 8 月，22 岁的雷锋因公殉职，（出示当时报纸）伟大领袖毛泽东主席亲笔为他题词"向雷锋同志学习"，并把 3 月 5 日定为学雷锋纪念日。在深切缅怀的日子里，让我们再次品读雷锋的名言，一起体会他高尚的人格。

（1）人的生命是有限的，可是，为人民服务是无限的，我要把有限的生命，投入到无限的为人民服务之中去。

（2）青春啊，永远是美好的，可是真正的青春，只属于这些永远力争上游的人，永远忘我劳动的人，永远谦虚的人！

（3）一朵鲜花打扮不出美丽的春天，一个人先进总是单枪匹马，众人先进才能移山填海。

（4）我们是国家的主人，应该处处为国家着想。

（5）不经风雨，长不成大树；不受百炼，难以成钢。

雷锋以一生的行动践行着自己的誓言。他做到了，成了一颗不会生锈的螺丝钉，同时也成了千千万万中国人心中的楷模和英雄。雷锋就是华夏这片古老土地孕育的一位平民英雄，我们每个人都应该捍卫和敬重这位英雄，向他学习。

**环节四：学雷锋，做有道德的人**

那么，在我们的身边，是否有雷锋的身影呢？请听小记者为我们发回的前方报道。（播放新闻录像）

1. 陆继军事迹

（示图）陆继军是位退役军人，在"雷锋修车店"一干就是30年，多次被苏州军分区评为"双拥"先进个人，经常向苏州市和姑苏区慈善总会捐款，为弱势群体献爱心。陆继军今年已79岁高龄，为了将"雷锋修车店"为民服务的优良传统传下去，多年前就收了徒弟刘春龙，将雷锋精神传下去。

谁言雷锋去？请看陆继军。雷锋从未离我们远去。

2. 李光祥事迹

（示图）在雷锋精神发源地辽宁省，有这样一位将军辅导员，他叫李光祥。李光祥担任少先队校外辅导员29年，以"学雷锋、讲传统"为主要内容，坚持不懈地向广大青少年传播党的理论，宣传我军的优良传统。在他的感召下，一个个志愿者队伍在中国这片红色沃土上，生根发芽。

李光祥同志深受师生们的喜爱，孩子们亲切地称他为"好爷爷、将军爷爷"。

3. 我们身边的活雷锋

同学们，在我们身边，你还看到或听到过哪些闪耀着雷锋精神的先进事迹？

例：常年为社区孤老服务的社区好人许云芬；为特殊儿童送去希望之光的陆振翔；疫情期间忘我工作的医生护士、各级干部、志愿者；像钉子一样刻苦学习的同学们……

小结：一个个闪烁着道德光芒的"新时代雷锋"，就是一面面旗帜，引领着社会前进的步伐，传承着中华民族的美德。（板书：传承）让我们发扬雷锋精神，将美好的愿望化作行动，争做新时代的小雷锋。（板书：发扬）

4. 齐唱歌曲《学习雷锋好榜样》

板书：

**学习雷锋好榜样**

*传承　发扬*

# 女儿当自强

3月8日　国际劳动妇女节

【教学目标】

1. 了解"三八"妇女节的由来，懂得尊重妇女，树立自尊自强的志向。

2. 为妈妈、奶奶、老师等献上"三八"节的祝福。

【适用年级】小学中、高年级，初中

【教学准备】了解国际劳动妇女节的由来，了解先进女性的事迹；制作课件

【教学过程】

**环节一："我"眼里的"三八"妇女节**

同学们，"三八"妇女节就要到了，在你眼中，这是一个怎样的节日？（预设）

——是"女神节"，爸爸会给妈妈买礼物，并包揽所有的家务，让妈妈开心；妈妈会和同事们一起庆祝，穿上特别漂亮的衣服聚餐；单位里会给"妇女"调休；各大商场、网上都会给女性用品打折；很多单位都会组织"妇女节"活动，如教女职工化妆、练瑜伽等。

小结：在同学们眼里，妇女节是一个值得所有妇女幸福、骄傲的日子。"女子能顶半边天"，不管是在家庭还是在社会，妇女的地位都很高。尤其是"三八节"这一天，她们能受到女神级别的

待遇。

**环节二：100 年前的妇女们**

1. 案例分析

100 年前的妇女，她们能享受到这样优越的待遇吗？我们来看 2 个案例：

**案例 1《小草和大树》（英国）**：1836 年 12 月，20 岁的夏洛蒂怀着惴惴不安的心情，把自己认为最好的几首诗，寄给当时大名鼎鼎的桂冠诗人罗伯特·骚塞，希望能得到她所崇敬的文学前辈的指点、提携。她苦苦地等了几个月，直到第二年春天，才得到一封远不止使她失望的回信。诗稿原样退回，骚塞还以傲慢的冷冰冰的口吻训诫她："在大自然里，小草和大树都是上帝的安排。放弃你可贵而徒劳的追求吧——文学，不是妇女的事业，而且也不应该是妇女的事业。"

**案例 2《孙中山破陋习》（中国晚清）**：一天，孙中山从外面回来看到妈妈在给姐姐缠足，姐姐很痛苦，眼泪直往下流。从此，孙中山再也没有听到姐姐的歌声。这件事深深地刺痛了他的心，姐姐作为封建女性，逃不过缠足陋习的压迫。姐姐的痛苦给年幼的孙中山留下了巨大的创伤，他以此立下志向，以废除缠足陋习为己任，以反抗封建陋习为己任，这一信念一直伴随着他的革命生涯。

从 2 个案例中，同学们体会到什么？

**案例 1 小结**：夏洛蒂不屈于命运，她带领两个妹妹坚持理想，在文学的天地里闯出了属于妇女的一片天。一年以后，夏洛蒂的长篇小说《简·爱》问世，两个妹妹的小说也相继出版，震动了英国乃至世界文坛。她们是妇女运动的先驱，她们用行动证明：世界上不存在什么"不是妇女的事业"。

**案例 2 小结**：缠足是中国古代的一种陋习，不仅严重影响了女性足部的正常发育，还让人们形成了"三寸金莲"的畸形审美心理。缠足使女子无端遭受折磨和痛苦，妨碍了女子正常参加社会工作，阻挠了女子的社交活动。女子困守闺阁，孤陋寡闻，失去了谋生本领，从而滋长了依赖心和自卑感，社会地位愈加低下。

2. 拓展交流

100 年前，世界各国的女性都遭受着同样的命运，没有经济地位，政治地位更无从谈起。课前，同学们还搜集了许多中国古代女子地位低下的故事和案例，我们来交流一下。

——中国古代，男子可取三妻四妾，女子则必须从一而终。

——古代女子不能随便出门，如果出门被人看见视作不稳重、心思向外。

——中国古代，普通女子根本没有资格学习文化知识，更没有机会从事社会工作，参加科考。

——为了表彰一些死了丈夫长年不改嫁，或自杀殉葬的妇女，家族会为其立下"贞洁牌坊"，让其他女子效仿。

**环节三：妇女节的由来**

为了争取"男女平等"，世界各国的妇女们又为之付出了怎样艰苦卓绝的斗争呢？我们来听一听"妇女节的由来"。

1. 起源

（示图）1857 年 3 月 8 日，美国纽约的服装和纺织女工举行了一次抗议，反对非人道的工作环境、12 小时工作制和低薪。游行者被警察围攻并赶散，两年以后，又是在 3 月，这些妇女组织了第一个工会。

（播放视频）1908 年 3 月 8 日，15000 名妇女在纽约街头游行，要求缩短工作时间，提高劳动报酬与享有选举权，禁止使用童工。她们提出的口号是"面包和玫瑰"，面包象征经济保障，玫瑰象征较好的生活质量。

2. 确立

直到 1975 年，联合国才确认普通妇女争取平等参与社会活动的传统。可见，妇女运动经历了很长时期的努力。

1997 年，联合国大会通过了一项决议，请每个国家按照自己的历史和民族传统习俗，选定一年中的某一天宣布为联合国妇女权利和世界和平日。联合国的这一倡议，提高了公众对提高妇女地位的认识，也使得许多国家修订法律，保护妇女的合法权益。

3. 中国妇女的觉醒

（示图）中国妇女第一次举行"三八"节纪念活动是在 1924 年。在中国共产党的领导下，广州劳动妇女举行纪念会和游行会议，由我国妇女运动的先驱何香凝主持。会上提出了"打倒帝国主义""保护妇女儿童"的口号，这次活动显示了中国劳动妇女的觉醒和力量。

### 环节四：女子能顶半边天

随着社会的发展，"男女平等"已成为现实，随着妇女社会地位的提高，妇女的才能也得以充分发挥。"女子能顶半边天"，在各行各业，我们都看到了妇女的能力、风采以及对社会的贡献。

1. 我最崇拜的女性

课前，同学们都完成了"我最崇拜的女性"调查表，请各小组先组内交流，再推荐代表上台交流。

例：

| 人物事迹 |
| --- |
| 居里夫人：法国著名波兰裔科学家、物理学家、化学家。1903 年，居里夫妇和贝克勒尔由于对放射性的研究共同获得诺贝尔物理学奖；1911 年，因发现元素钋和镭再次获得诺贝尔化学奖。在她的指导下，人们第一次将放射性同位素用于治疗癌症。作为镭的发现者，居里夫人没有申请专利富甲一方，一直过着简朴的生活，这是她伟大人格的见证。 |

**续表**

| 人物事迹 |
| --- |
| 屠呦呦：中国药学家，共和国勋章获得者。她和她的科研团队坚守寂寞、"久久寻蒿"。2011年9月，发现青蒿素，一种用于治疗疟疾的药物，挽救了全球、特别是发展中国家数百万人的生命，获得"生命科学杰出成就奖"。她是第一位获得诺贝尔科学奖项的中国本土科学家，也是中医药成果获得的最高奖项。 |
| 孟晚舟：华为总裁任正非之女，现任华为公司副董事长、CFO（首席财务官）、轮值董事长，主要负责华为公司的财务运营及管理。孟晚舟案件是典型的政治事件，是美国政府针对中国高科技企业以及华为的打压事件。2018年12月1日，孟晚舟在加拿大温哥华机场转机时，被加拿大警方拘起关进了监狱。在狱中，孟晚舟始终坚定沉着。经中国政府不懈努力，9月25日，孟晚舟乘中国政府包机返回祖国。 |
| 董卿：中国内地节目主持人、制片人，连续13年主持央视春节联欢晚会。2016年主持央视文化节目《中国诗词大会》，2017年主持并担任制作人的《朗读者》开播，将中国传统文化发扬光大。在她的卧室里，没有电视机等任何电子产品，每天睡前看书成了一种习惯，是书让她浑身散发优雅气质，是书让她充满信心和力量。 |

2. 女儿当自强

今天，我们认识了许多杰出女性，了解了关于他们的很多感人的事迹，相信每个同学的心里都掀起了波澜。老师要采访一下班里的女同学，将来，你想成为一名怎样的女性呢？

女儿当自强！希望同学们能以她们为榜样，自强不息，奋发进取，撑起属于妇女的半边天。（板书：撑起半边天）

板书：

### 女儿当自强
撑起半边天

# 试种一粒籽

3 月 12 日　植树节

【教学目标】

1. 了解种子的生长过程，感受生命的奇妙，激发热爱生命的情感。

2. 了解种植步骤，学会合理制作观察记录表。

【适用年级】小学低、中年级

【教学准备】试种一粒籽，坚持观察；制作课件

【教学过程】

**环节一：生命多奇妙**

1. 看视频

今天，老师给大家带来了一颗蚕豆宝宝，把它埋到地里，会发生什么呢？让我们来看一段视频，300 倍速的摄影效果。

2. 谈体会

种子是生命之源，它的生长是个多么奇妙的过程啊，它用力地向下扎根，冲破厚厚的泥土，冒出嫩嫩的新芽，它不断地抽枝长叶，准备开花、结果。（板书：生命真奇妙）

**环节二：认识小种子**

1. 考考你

春天是万物生长的季节，你还认识哪些植物的种子呢？

（1）这是谁的种子？（胡萝卜）

比芝麻还小的一粒籽，能长出这么大一根胡萝卜。不过，一粒萝卜籽只能长出一根萝卜。

（2）这是谁的种子？（西瓜）

一粒西瓜籽，能长出好长的西瓜藤，一根藤上就能结好几个大西瓜。

（3）这个毛茸茸的小家伙，又是谁的种子呢？（蒲公英）

它们撑开小降落伞，随风飘飞，去寻找自己的新家。

（4）这些小家伙和蒲公英一样，毛茸茸的，但又不太一样，你知道是谁的种子吗？（柳树）

"碧玉妆成一树高，万条垂下绿丝绦。不知细叶谁裁出，二月春风似剪刀。"芝麻大小的种子，能长成如此高大挺拔的柳树，是生命的奇迹。

（5）瞧，这些种子个儿很大，红红的，是谁的种子呢？（樱桃）

俗话说，樱桃好吃树难栽，樱桃树栽下3到6年才能结果。

（6）猜一则谜语。

麻屋子，红帐子，里面睡个白胖子。是什么呀？（花生）

（7）再来猜一则谜语。

身穿绿衣裳，体圆像珍珠，刀鞘外长毛，里面藏宝宝。（黄豆）

是黄乎乎、圆溜溜、硬邦邦的黄豆。黄豆可以用来榨油，可以做成豆浆、豆腐脑、豆腐干，好吃又营养。

（8）它是谁的种子？（苍耳）苍耳的种子像什么？（像一个个小手雷，像一只只小刺猬，像一个个带刺的小棒槌）同学们的想象力可真丰富，我们一起来念一首苍耳的儿歌：

苍耳宝宝像刺猬，没有翅膀却想飞。

有人从它身边过，粘上裤腿头不回。

宝宝勇敢走天涯，离开妈妈不流泪。

2. 小结

植物千千万，种子万万千。它们大小不一、颜色各异，有毛茸茸的，有滑溜溜的，有软绵绵的，有硬邦邦的，有香喷喷的，也有臭烘烘的。你别笑，我们就是要通过"看一看""摸一摸""闻一闻"等方法来区别它们。

**环节三：试种一粒籽**

1. 种植准备

认识了这么多可爱的小种子，你现在最想做的是什么呢？（种下一粒籽）现在正是春天，是种子萌发的最好时节。种植要做哪些准备工作呢？请大家讨论。

从同学们的讨论中，我们知道，不同的植物，生长的环境是不同的。植物生长需要哪些条件呢？来看一段科学小视频。

从视频中，你知道了什么？（植物的生长需要土，需要水，还需要空气、阳光和适宜的温度）

2. 种植计划

植物的种植可是一门大学问，只有充分了解它们的生长需求，做好充分的准备，才能把植物种好。来听一听攸攸小朋友的种植计划。（播放录音）

| 我的种植计划 |
| --- |
| 我想种 __土豆__ ，<br>我想请 __爷爷__ 帮我 __准备一些发芽的土豆__ ，<br>再准备一个 __大盆__ ，<br>还要准备 __很多沙土__ 。 |

你想种什么呢？请你拿出纸和笔，完成种植计划吧。

**环节四：故事屋**

1. 听故事

做好了这些准备工作，我们是不是一定能种出好的植物来呢？

来听一个小猴子的故事吧。(播放录音)

　　小猴子最喜欢吃桃子了，便在家门口种下了一个桃核。可是，都过去10天了，桃核一点动静都没有，一个小芽芽都没有冒出来。小猴子很失望。小公鸡告诉他说："桃核要在水里泡几天再暴晒，等壳裂了，才能下种。"小猴子嫌种桃子太麻烦，决定种西瓜。没过几天，小猴子发现地里果然长出了小瓜苗，他高兴极了，心想，这下可有西瓜吃了。可是他等啊等，过了好几天，瓜苗上连个小西瓜也没有结。牛爷爷告诉他："播种只是第一步。此外，还要细心地呵护，勤除草，适时施肥、浇水，才会有收获哟。"

　　2. 猜结果

　　后来小猴子吃到西瓜了吗？为什么？（可能吃到西瓜了，他听了牛爷爷的话，细心地呵护小瓜苗；也有可能小猴没等西瓜长出来，它又去种别的了果树了，后来什么都没种成）

　　小结：植物生长是个漫长的过程，我们不能急，要耐心等待，还要不怕麻烦，不辞辛苦，只有这样，我们才能收获成功的果实。其实做任何事都是这个道理，目标专一而不三心二意，持之以恒而不半途而废，才能获得成功。

　　**环节五：记录植物生长过程**

　　今天，我们认识了许多可爱的小种子，还学习了一些种植的方法。在种子生长的过程中，我们一定要做个有心人，记录它们成长的足迹。有哪些记录的方法呢？

　　1. 写观察日记

　　这是红红种风信子的连续日记。我们来听一听。(播放录音)

| 1月28日　星期一　阴 |
| --- |
| 　今天妈妈买回来一盆花，它的样子貌似一个洋葱头，头上长出了几瓣小绿芽。它的身体圆圆的，穿着紫色的衣服。妈妈说它穿什么颜色的衣服，将来就会开出什么颜色的花。嗯，它到底是什么花呢？ |

> **2月4日　星期一　阴**
>
> 　　今天我给"洋葱头"浇水，发现它长高了一截，身上的绿芽也张开了，从里面钻出了一株花骨朵，看起来像一株绿色的麦穗，没过几天麦穗渐渐变成粉色的的了。
>
> **2月6日　星期三　多云**
>
> 　　我家养的小狗花花对这盆花也是好奇，有一天我看它围着花盆转来转去，然后伸出舌头想去舔花的球茎，妈妈赶忙把它抱走了。妈妈告诉我，这种花有一个好听的名字，叫风信子，但它的茎球是有毒的。
>
> **2月12日　星期二　阴**
>
> 　　今天我刚起床，就被一股清香吸引住了，我惊喜地发现风信子的花茎由下往上开出了几朵淡粉色的小花，香味飘满了整个房间。据说风信子有7种颜色，每一种颜色还代表着不一样的含义呢，紫色代表忧郁。

2. 画植物成长连环画（示图）

3. 拍摄植物成长照片

　　你准备用什么方式给植物记录种子的成长足迹呢？可以有更创新的做法喔。

　　小结：每一株草，每一朵花，都向我们展示着生命的精彩和奇妙。让我们带着一双欣赏的眼睛去观察它们，精心呵护它们，让它们和我们一起茁壮成长。（板书：精心护成长）

　　板书：

**试种一粒籽**

**生命真奇妙　精心护成长**

# 正确认识广告

【教学目标】

1. 提高学生认识广告的能力。

2. 知道广告的种类、特点及其功能，明白商家做广告的目的。

3. 识别虚假广告，理性消费，懂得用法律的武器保护自己的合法权益。

【适用年级】小学中、高年级

【教学准备】了解《广告法》；制作课件

【教学过程】

**环节一：广告无处不在**

1. 导入

同学们，你和你的家人在广告的宣传下买过哪些产品？这件商品广告是怎么说的？实际质量怎么样？如：

（1）货真价实，好东西。

（2）没有广告上说得那么好，但也还行。

（3）纯属虚假广告，贪便宜花了冤枉钱。

2. 小结

广告无处不在，人人心生喜爱，但广告和商品一样，也有真假好坏，所以我们要——（出示主题）正确认识广告。（板书：广告无处不在，人人心生喜爱）

**环节二：理性对待广告**

1. "头脑风暴"

广告千千万，如何才能识别它的真假好坏？让我们开启头脑风暴，请同学们以小组为单位开展讨论，并把"金点子"写下来，进行交流。如：

（1）看这个广告是不是在正规电视、报纸、网络上播出的。

（2）有没有工商部门的认证资格证。

（3）向已经购买过这种产品的人询问质量。

（4）上网查一查大众点评，或查找这一产品的具体说明。

（5）货比三家，先少买一点，用得好再买。

2. 小结

同学们真像孙悟空，亮出了火眼金睛。广告的目的是推销商品，作为消费者，我们要理性对待广告，不能被广告牵着鼻子走。

（板书：亮出火眼金睛，识别真假好坏）

**环节三：识别虚假广告的"秘密招数"**

1. 播放录音《一个真实的故事》

我们在想办法识别广告真假好坏的同时，广告商也在想方设法吸引消费者，来听一个真实的案例，看看你能否识破广告商的"秘密招数"。

爷爷患有严重的高血压、风湿病，每天吃药很痛苦。小区保健品商店现场促销，服务周到，免费给老人量血压，免费请老人听讲座、喝茶、吃午饭。许多患者现身说法，称这种产品可以治三高，"十一"黄金周还进行大促销，买一送二。爷爷购买后不再正常服药，后来中风送进了医院，差点瘫痪。

（播放故事录音时，可暂停两三次，让学生猜猜当时爷爷的心理）

理性分析：保健品商店到底用了什么秘密招数，让爷爷的心像着了魔一样地相信他们？如：

（1）利用老人贪小便宜的心理。

（2）利用老人渴望健康长寿的心理。

（3）利用老人的从众心理。

（4）假装关心，麻痹老人的警惕性。

2．"彩色蘑菇"的诱惑

在同学们的帮助下，爷爷知道自己错了，他躺在病床上会想什么？（恨自己没有抵挡住诱惑，被虚假广告蒙骗，吃了大亏）

这些虚假广告就像森林里的"彩色蘑菇"，充满诱惑，颜色好看却有毒。生活中有没有谁也因为这样的"彩色蘑菇"受害呢？

3．生活小剧场

当爷爷再次路过这家保健品商店，他又会怎么应对呢？请看"生活小剧场"。

推销员：啊呀，大爷，您好些天没来了，快请进，给您量量血压，测一下血糖。最近感觉怎么样？

爷爷：都中风了，还问我感受怎么样，血压没降，血脂没降，差点丢了性命，什么保健品，都是骗钱的。

推销员：大爷，您先别生气，任何药品、保健品不都得有疗程不是，您才吃了几天，效果还不明显，吃上三个疗程保证有效，无效全额退款……

爷爷：你们做虚假广告，坑害消费者，我已经拨打了12315消费者投诉电话，工商部门马上就到。

推销员：（大惊失色）啊！

4．知识窗

为了规范广告市场，保证广告的合法性、合理性，保护消费者的利益不受侵害。2015年4月，（示图）我国修订了《中华人民共和国广告法》，其中就有对保健品广告的规定，请看录像。

关于《中华人民共和国广告法》，你还知道哪些相关内容？

广告不得损害未成年人和残疾人的身心健康。

——《中华人民共和国广告法》第十条

不得在中小学校、幼儿园内开展广告活动，不得利用中小学生、幼儿的教科书、教辅材料、练习册、校服、校车等发布广告。

——《中华人民共和国广告法》第三十九条

不得利用不满十周岁的未成年人作为广告代言人。

——新《广告法》第三十八条

**环节四：辩论台**

1. 引出辩题

因为广告，这么多人受骗，还惹出许多是非，于是，"幻想哥"有了一个大胆的设想（播放录音）："我建议，全国、全世界一律取消广告，商家也不要为广告花冤枉钱了。"

同学们觉得有必要进行广告吗？为什么？下面让我们进行一场"辩论赛"。

2. 现场辩论（双方各选 3 位代表上台辩论，其他同学为后援团）

明确辩论要求：

（1）亮明自己的观点。

（2）结合生活实际证明自己的观点。

（3）辩论时理直气壮，声音响亮。

（4）恰当使用肢体动作。

辩论程序：双方 1 辩陈述观点——双方自由辩论（双方后援团有 3 次补充机会）——双方 3 辩总结陈词——教师总结。

**环节五：换个角度看广告**

1. 欣赏经典广告

抛开广告营利的目的，换个角度来看广告，你觉得广告还是什么呢？来欣赏一组经典广告（剑南春、华为、百度等），你最喜欢哪个广告？为什么？

小结：欣赏优秀的广告作品同样是一种艺术的享受，广告作品和诗词、绘画、书法一样，也是一种文化的表现形式。有些广告匠心独运，充满艺术气息，极富想象力、创造力，堪称经典。

2. 观察巨幅广告

（示图）这是华为在国外街头的巨幅手机广告，如果你是中国人，走在异国的街道，看到我们中国的巨幅广告，有什么感想？

小结：中国品牌走出国门，走向世界，这是我们的骄傲。换个角度来看广告，广告还是一扇窗，让世界看到中国；广告更是一种文化，闪烁智慧的光芒。（板书：换个角度看待，生活无限精彩）

板书：

**正确认识广告**

广告无处不在，人人心生喜爱

亮出火眼金睛，识别真假好坏

换个角度看待，生活无限精彩

# 云雀的心愿

3月21日　世界森林日

【教学目标】

1. 通过阅读童话《云雀的心愿》，引导学生走进森林、了解森林。

2. 了解森林的特点及作用，激发热爱森林、保护森林的情感。

【适用年级】小学各年级

【教学准备】了解森林的特点及作用；制作课件

【教学过程】

**环节一：一则童话的启示**

1. 阅读童话故事《云雀的心愿》

2. 谈阅读体会

（1）在这个童话故事中，小云雀和妈妈飞过了哪些地方？看到了怎样的场景？为什么会出现这样的场景？

——它们飞到一片沙漠的上空，看到漫天黄沙。没有了森林的保护，土地无法蓄水，就逐渐变成了荒漠。

——它们飞到一条大河的上空，大河泛滥成灾。没有了森林的保护，土壤无法稳固，大河就会泛滥。

（2）云雀为什么说"森林实在太重要了"？

——森林是座"大水库"，可以蓄水保土，防止土地沙漠化；

——森林是座"空调器"，可以调节气温。

3. 森林的作用

森林还有什么作用呢？我们来听一听"森林的自述"吧。（播放录音）

---

**森林的自述**

我是森林，我不仅是"大水库""空调器"，我还能——

制造氧气：绿色植物是二氧化碳的消耗者和氧气的生产者。一公顷阔叶林一天可以消耗 1000 千克的二氧化碳，释放 730 千克的氧气。

净化空气：实验证明，林木在低浓度范围内，吸收各种有毒气体，使污染的环境得到净化。例如，一公顷柳杉林每月可以吸收二氧化硫 60 千克。美人蕉、月季、丁香、菊花以及银杏、洋槐也能够吸收二氧化硫。

过滤尘埃：森林吸附粉尘的能力比裸露的大地大 75 倍。一公顷的山毛榉树林，一年之内吸附的粉尘就有 68 吨之多。

杀灭细菌：据调查，闹市区空气的细菌，比绿化区多 7 倍以上。原因之一就是有些植物能分泌强大的抗生素，如橙、柠檬、圆柏、黑核桃、法国梧桐等植物，都有较强的杀菌力。

消除噪声：成片的树木能吸收、阻挡声音，因此，在城市大量植树可以有效地降低噪声。

我还能给动物提供安全舒适的家。森林拥有全球 80% 的陆地生物多样性，林地中生长着 6 万多种树木。

---

听了"森林的自述"，同学们还知道了森林的哪些作用？

是啊，森林实在是太重要了！如果世界上没有了森林会怎么样？我们来看一组字的变化，有什么发现？（没有了森林，没有了树木，最后连人也没有了）

## "森→林→木→十"

小结：善待森林，就是善待人类自己，相信没有人愿意看到"森→林→木→十"的结局。美洲印第安人视森林为图腾，他们认为"树木撑起了天空，如果森林消失，世界之顶的天空就会塌落，自然和人类就一起死亡"。为了呼吁人类重视森林、保护森林，所以出现了"世界森林日"。

环节二："世界森林日"

1."世界森林日"由来

小云雀的介绍（播放录像）：1971 年，在欧洲农业联盟特内里弗岛大会上，由西班牙提出设立"世界森林日"的倡议，并得到一致通过。同年 11 月，联合国粮农组织（FAO）正式予以确认。联合国大会宣布，将每年 3 月 21 日确立为"国际森林日"。"国际森林日"的确立，为提高各国为今世后代加强所有类型森林的可持续管理、养护和可持续发展的意识做出了有益贡献。

2."世界森林日"主题

每年的"世界森林日"都有主题，这些主题体现着世界各国保护和治理森林的重点。请 10 位同学为大家介绍（举牌）：

| |
|---|
| 2010 年：加强湿地保护，减缓气候变化 |
| 2011 年：庆祝，为人类保护而持续增长的森林 |
| 2012 年：保护地球之肺 |
| 2014 年：让地球成为绿色家园 |
| 2015 年：森林与气候变化 |
| 2016 年：森林与水 |
| 2017 年：森林与能源 |
| 2018 年：森林与可持续城市 |
| 2019 年：森林与教育 |
| 2020 年：森林和生物多样性 |
| 2021 年：森林恢复，通往复苏和福祉之路 |
| 2022 年：森林与可持续生产和消费 |

环节三：全球森林现状

1.最新报告

随着人类的发展，从早期的农业耕种到近现代对木材及林产品的消耗猛增，加上人口增长、森林火灾，导致全球森林面积急剧减少，森林品质不断下降，生态环境逐渐恶化。

那么，全球的森林状况如何呢？我们来听一则报告：

> 小云雀录音：联合国与联合国环境规划署共同发布的 2020《世界森林状况》报告指出：全球毁林和森林退化速度令人震惊，必须立即采取行动，保护森林生物多样性。虽然毁林速度在过去 30 年中有所下降，但自1990 年以来，全球已有约 4.2 亿公顷森林土地被转换为其他用途。过去10 年间，每年约有 1000 万公顷森林被开垦为农业用地或转换为其他用途。

以上报告，给人类敲响了怎样的警钟？

小结：森林是"地球之肺"，人的肺如果被损害了，就会呼吸困难，森林被损坏了，地球就要出现健康问题，最后受害的还是人类自己。

2. 应对策略

同学们快想想办法，如何来保护森林？

> ——各国普及《森林法》等有关法规及有关环保知识。
> ——从严打击破坏森林的不法行为、违规行为。
> ——加强林业管理，加大植树造林的力度，推广成功经验。
> ——少盖木头房子，盖房子尽量用砖瓦做材料。
> ——如果一定需要木材就砍一棵树，种一棵树，实现青山常在。
> ——垃圾分类，废纸回收，不乱扔废电池等有害物品。
> ——少用、不用一次性筷子，一次性餐盘等，杜绝多余的商品包装。

小结：让我们行动起来，为保护森林，保护"地球之肺"，贡献自己的一份力量，共同实现云雀的心愿。（板书：保护"地球之肺"）

板书：

**云雀的心愿**

保护"地球之肺"

# 水，生命之源

3 月 22 日　世界水日

【教学目标】

1. 了解水资源匮乏是当今世界面临的共同问题。

2. 珍惜水资源，树立环保意识和社会责任感。

3. 自觉养成节水好习惯，主动参与力所能及的节水环保活动。

【适用年级】小学中、高年级，初一

【教学准备】调查中国及世界各地水资源情况；制作 PPT

【教学过程】

课前朗诵《江南》《采莲曲》《忆江南》等诗歌。

**环节一：亲近水，感受生命之美**

1. 水韵诗情

课前，同学们朗诵了几首诗，这些诗有什么共同点呢？（都和水有关）是啊，因为有了水，才有了"春来江水绿如蓝"的惊艳；因为有了水，才有了"泉眼无声惜细流"的温柔；因为有了水，才有了"鱼戏莲叶间"的畅快。因为水，世界才有了生命；因为水，大自然更显灵动优雅。今天，就让我们从一滴水说起。

2. 水，无处不在

小水滴录音：大家好，我是一滴水。山涧里，小溪里，海洋里，到处都有我的身影。我顽皮可爱，无处不在，只要是你想得到的地方，我都存在。自从和人类相遇，我可是发挥了无可替代的作用呢！细细观察你的周围，你还在哪里发现了我的身影呢？

小水滴录音：我不仅在大自然，也潜藏在每个人、每个动物、每一棵花草树木的身体里。下面，我可要来考考你：

（1）人体内的水分约占体重的百分之多少？

占65%。算一算：你有多重？你体内的水分有多重？如果没有水，会怎么样呢？

补充：刚出生的孩子体内水分占85%。（示图）看，他们水汪汪的大眼睛，皮肤多么水润啊！这都是水的功劳。

（2）人体中水分不足百分之多少时会导致死亡？

20%。没有水，人最多只能活3~7天。你有没有过缺水的体验，说说亲身感受？（如体育课后、登山时、停水后……）

（3）水占整个地球的百分之多少？

占71%。因为有了水，才有了宽广的湖泊、辽阔的草原、广阔的森林，才有了这个充满魅力的蓝色星球；因为有了水，才有了成群的牛羊、漂亮的孔雀、幸福的人类。水，是一切生命之源。（板书：水，生命之源）

**环节二：了解水，面临严峻挑战**

1. 抛出问题

有人说："水，占整个地球的71%，取之不尽、用之不竭！"你同意他的观点吗？请结合课前收集的资料，谈谈自己的看法。

2. 世界水情

计算：地球上的水-97.3%的海水=2.7%的淡水

计算：2.7%淡水-1.9%冰川-0.5%不可开采地下淡水=0.3%可用淡水

计算：0.3%可用淡水÷全球78亿人口=微乎其微

通过计算，同学们发现了什么？（能供人类使用的淡水实在少之又少，全球78亿人口，有15亿人口面临不同程度的缺水）

3. 中国水情

从"淡水资源人均占有量条形统计图"中，你发现了什么？

小结：中国水资源人均占有量只有 2300 立方米左右，是世界水平的四分之一，是全球 13 个人均水资源最贫乏的国家之一。联合国已发出了警告：人类在石油危机之后，下一个危机就是水。

4. 真实故事

听故事录音《老牛拦车喝水》，你又感受到了什么？

小结：因为缺水，他们饥渴难耐；因为缺水，人们翻山越岭；因为缺水，农田颗粒无收；因为缺水，小河不再流淌；因为缺水，鲜活的生命正在消亡；因为缺水，老牛拼死拦下车队……水，实在太珍贵了！人类所面临的挑战，实在太严峻了！

**环节三：珍惜水，续航水的明天**

1. 一封信，读一读

小水滴录音：我昨天收到了一封来自未来伙伴的信。

我是一滴水，一滴孤独的水。从外星人把奄奄一息的我救活开始，多少个世纪了，我就这样孤零零地躺在这密封的玻璃罩里，如今地球上陪伴我的只有黄沙了。这无边无际的黄沙，多像我的伙伴汇聚成的汪洋啊，可是这"汪洋"却并不能孕育生命。多少次，我极目远眺，追寻漫天的黄沙，渴望看见生命的绿色。可是每一次，我都是那么失望，没有绿色，有的只是无边无际的荒凉和沉寂。

我们怎么来安慰小水滴呢？

相机介绍：人类已经行动起来了。2022 年 3 月 22 日是第三十届"世界水日"，3 月 22 日至 3 月 28 日是第三十五届"中国水周"，（示图）这是我国的节水标志。希望小水滴相信人类爱水、护水、节水的坚定决心。（板书：节约）

2. 放大镜，劝一劝

（示浪费水组图：水龙头开得很大，水龙头忘记关了，洗衣服开长流水，水管破了，用大量的水洗车……）在我们身边，常常出现这样浪费水的现象。请同学们当一回节水小卫士，去劝劝他们。（现场演练）

3. 智慧屋，想一想

水，弥足珍贵，怎样才能做到节约用水呢？请同学们小组讨论，完成"节水金点子"记录单，上台交流。（循环利用、社区宣传、校园监督、设计节水标语、创建节水型学校等）

（出示《节水型学校考核细则》）希望同学们行动起来，人人争当"节水小标兵"。

4. 新科技，推一推

生活用水的浪费只是水资源没有合理利用的一个方面，在我国，工业用水量极大，但利用率很低。如今，全国各地已开始推行工业废水的再处理，这样既减少了污染，又减少了浪费。一些农作物的浇灌也从喷洒改成滴灌技术，大大提高了水资源的利用率。相信，随着新科技的发展和推广，节水问题会得到有效改善。

总结：水，生命之源，让我们节约用水，用心守护水资源，让水更好地造福人类，续航明天。（板书：守护）

板书：

**水，生命之源**

节约　守护

# 爱护自己的身体

3 月 30 日　全国中小学生安全教育日

【教学目标】

1. 认识自己的身体，提高安全防范意识。

2. 学会保护自己的眼睛、牙齿等身体各部位，通过锻炼、合理膳食增强体质。

【适用年级】小学中、高年级，初一

【教学准备】了解保护身体的方法；制作课件

【教学过程】

**环节一：爱护自己的眼睛**

今天这节课，老师要和大家来认识一下自己的身体。先来猜个谜语吧："两颗黑葡萄，长在人脸上，白天开窗望，黑夜关紧窗。"是什么呀？对了，是"眼睛"。眼睛是心灵的窗户，保护自己的身体，首先从眼睛开始。

1. 现场视力检测

老师选 3 位同学现场来检测一下视力。

采访视力不佳的同学："你知道是什么原因导致你近视吗?"

听一听医学博士的介绍（播放动画）：

| **造成近视的四大因素** |
| --- |
| （1）遗传因素：父母有高度近视，下一代近视的发病率会非常高。 |
| （2）环境因素：在光线过强、过弱的地方看书或工作，因看不清而 |

导致眼疲劳出现近视。

（3）个人因素：日常用眼时间过长，特别是近距离看电子产品或看书等，会导致睫状肌痉挛，从而导致近视的发生。在活动的车辆上，或者走路时看书，使眼睛和书本的距离无法固定，也会增加眼睛的负担导致近视。另外，躺在床上看书、写字姿势不正确等均可能导致近视。

（4）饮食因素：体内缺乏维生素、蛋白质、微量元素等，也有可能影响视力发育，要多吃一些富含维生素 A、维生素 C 的食物，如胡萝卜、菠菜、橙子、青椒等。

## 2. 保护视力方法

那么，我们应该如何保护自己的眼睛呢？

请同学们 4 人小组讨论，并派代表上台交流。

**护眼小窍门**

（1）合理用眼，学习 40 分钟后必须休息 10~20 分钟。选用不反光的纸张书写。

（2）保持正确的读写姿势，桌椅要和身高匹配，坚持做到"三个一"。

（3）选用稳定性好的光源，如白炽灯，一般要求光线从左边射入，这样可以使书本和作业本上没有阴影。

（4）来回运动物体训练，如球类、踢毽子、抛接物体等。做上述运动时，双眼必须紧盯着球，穿梭来往，令眼球不停转动，促使眼睛局部血液循环增强，缓解眼睛疲劳，起到预防近视的作用。

（5）眼保健操训练，务必使每一动作手法正确。

（6）走向开阔的地带，眺望远方。

## 3. 学做眼球操

今天，老师要教同学们做一种特别有趣又方便的眼保健操——"眼球操"。在眼睛疲劳时，我们随时随地都可以通过转动眼球来放松眼部肌肉、缓减疲劳。

**眼球操口令**

（1）闭目养神排除杂念，静心放松眼球；

（2）眼球左右来回运动 18~36 次；

（3）眼球上下来回运动 18~36 次；

（4）眼球左上右下来回运动 18~36 次；

（5）眼球右上左下来回运动 18~36 次；

（6）眼球顺时针转动 18~36 次；

（7）眼球逆时针转动 18~36 次；

（8）把眼球向上眨眼 18~36 次；

（9）看远看近点 18~36 次；

（10）闭眼休息，一分钟后睁开。

**环节二：爱护自己的牙齿**

牙齿是我们身体非常重要的器官。每年 9 月 20 日，是全国爱牙日。同学们说说，我们为什么一定要保护好自己的牙齿呢？

1. 牙齿的功能

牙齿的两大功能：一是美观，二是咀嚼。如果前牙缺失，会导致美观的降低；如果后牙缺失，会导致咀嚼效率降低；如果后牙缺失很多，会导致咬合的紊乱；如果前牙、后牙都缺失，会显现出非常苍老的面相。

2. 出现龋齿的主要原因

小学生最大的牙齿问题是出现龋齿。龋齿是怎样形成的呢？我们来看一组图，你看懂了什么？（冰激凌、蛋糕、饮料等是导致龋齿的罪魁祸首，一定要少吃，甚至不吃）

3. 掌握正确的刷牙方法

### 刷牙歌

小牙刷，手中拿，早起晚睡都要刷。

小牙刷，沙沙沙，从上往下轻轻刷。

小牙刷，沙沙沙，里里外外都要刷。

爸爸妈妈夸奖我，是个爱牙的好娃娃。

**环节三：今天你洗手了吗**

俗话说"病从口入"，生活中，细菌无处不在，但人们常常忽略了一件事——洗手。要有健康的身体，我们一定要注意多洗手。

1. 什么时候需要洗手

饭前、便后、在外玩耍后、触摸动物后、打喷嚏后、揉过眼睛后、拿过钱币后、哭泣后等，都要及时洗手清洁。

2. 洗手七步法

我们不仅要经常洗手，而且要掌握正确的洗手方法，来看一组图，一起对照口诀念一念，做一做。

**环节四：合理膳食**

合理膳食是指一日三餐所提供的营养必须满足人体的生长、发育和各种生理、体力活动的需要。

1. 平衡膳食

所谓平衡膳食，最关键的是出入平衡。为了保持正常体重，每个人都应当把握出入平衡，做到"量出为入"，即以日常的实际消耗，确定每天进食的量。

早、中、晚应按 30%、40%、30% 的食量来进食，牢记"早餐吃得好，午餐要吃饱，晚餐精而少"的原则。

2. 膳食金字塔

（示图）请同学们看图，这幅图是世界卫生组织给我们推荐的合理的饮食结构图，被称为"膳食金字塔"，你看懂了什么？

第一层：粮谷类食物（如米饭、面包、馒头、面条等），占 40%。

第二层：蔬菜水果类，占 30%。

第三层：动物性食品，占 20%。

第四层：油、粮、盐类，占 10%。

**环节五：防止意外伤害**

我们爱护自己的身体，不但要小心保护眼睛、牙齿等身体的各个部位，还要坚持锻炼，合理膳食，预防伤害。（板书：小心保护预防伤害）但如果伤害已经发生，该怎么办呢？

1. 学习自护自救方法

请同学们自学下列材料，5分钟后准备接受现场考核：

---

**跌倒擦伤**：若无皮损，可冷/冰敷5~10分钟，使血管收缩、止血、消肿、缓解疼痛。惹破皮出血，可用生理盐水或纯净水对伤口进行冲洗，然后用棉签蘸碘伏从伤口中心向周围划圈涂抹，涂抹面积要大于伤口边缘5~10cm，暴露伤口。

**头部撞伤**：若没有破皮：可迅速冷敷5~10分钟，不能用手揉搓。若头部撞伤，出血时用清洁的纱布轻轻按压伤口。

**踝关节扭伤的处理**：停止活动，最好卧床抬高患肢；冷敷5~10分钟；用绷带包扎制动、减轻水肿。

**流鼻血处理**：放松、安静站/坐着，头部略前倾，张口呼吸。压迫止血——压迫出血侧鼻翼，同时用湿毛巾冷敷鼻根部和前额；出血后2~3小时内不做剧烈运动；若出血较多，用脱脂棉卷填塞止血。

**烫伤**：立即脱离热源，把伤处放入凉水浸泡半小时，水温越低越好，但不能低于5℃，以免冻伤。但如果伤处已经起泡并破了的，不可浸泡，以防感染。

**猫狗类咬伤处理**：皮损，立即用清水冲洗伤口15~20分钟，冲洗后进行消毒，6小时以内尽快就医。

---

2. 现场情境考核

例：一生扮演鼻子流血者，紧张地说："不好了，我鼻子流血了，谁来帮帮我？"指名学生上台操作处理，请其他同学进行点评，教师相机补充。

小结：同学们，身体是革命的本钱，我们一定要爱护、保护好自己的身体，避免身体受到损伤或侵害，身体一旦出现问题，要学会用科学的方法进行调整或处理，如果情况比较严重，一定要及时就医。

板书：

**爱护自己的身体**

小心保护　预防伤害

# 清明祭

【教学目标】

1. 了解清明习俗，祭奠已逝亲人，善待家中老人。

2. 了解当地名人生平、事迹，从他们身上汲取力量。

3. 了解革命先辈和伟大领袖的故事，继承他们的遗志。

【适用年级】小学各年级，初中

【教学准备】课前采访、收集资料；制作课件

【教学过程】

**环节一：清明祭先辈**

"清明时节雨纷纷，路上行人欲断魂。借问酒家何处有？牧童遥指杏花村。"清明是我国二十四节气之一，是最重要的祭祖和扫墓的日子。

1. 祭祖习俗

我们为什么要祭奠已逝的亲人？你们家是怎么祭祖的？

饮水思源：踏青扫墓、凭吊先人，是为了感恩先人赐予我们生命，为我们创造幸福的生活。面对亲人矮矮的坟墓，我们更懂得了生命的可贵。

苏州习俗：苏州地区人们祭祖前要提前用纸钱折好金元宝；烧一桌好菜，一般8道；搬好桌凳，放好碗筷，点上香烛；上菜，2次倒黄酒；依次恭恭敬敬地进行祭拜。

## 2. 善待老人

人的生命只有一次，所以我们要珍爱生命，珍惜健康，尤其要善待家里的老人。百善孝为先，作为晚辈，我们应该怎样善待老人呢？你是怎么做的？

小结：念故人，爱亲人，护生命，守家园，这就是清明祭祖的意义。

### 环节二：清明祭先贤

清明节，我们不但要祭奠自家的先祖，还要祭奠家乡的先贤。我们的家乡常熟，历史悠久，人文荟萃，历史上出现过许许多多的杰出人物。请同学们结合课前收集的资料，来交流一下。

**仲雍**：又名虞仲、吴仲。3000 多年前，他让国避位来到常熟，是吴文化的始祖，深受吴地人民的敬仰。他死后葬于常熟的山上，这座山故名虞山。

**言偃**：春秋时孔子唯一的南方弟子，是孔子三千弟子中七十二贤之一。学成归来，从游弟子无数，被誉为传播东南文化第一人。

**黄公望**：中国元代画家，工书法，善诗词、散曲，50 岁后开始画山水，自成一家，代表作《富春山居图》。这幅画长 6.369 米，宽 0.33 米，耗时整整 4 年才完成，是"中国十大传世名画之一"。

**翁同龢**：中国近代史上著名政治家、书法艺术家。先后担任清代同治、光绪两位皇帝的老师。常熟市区有"彩衣堂"，翁同龢在这里度过了青少年时期，现辟为翁同龢纪念馆，是全国重点文物保护单位。虞山脚下还有他晚年居住的地方，叫瓶隐庐。

**李强**：中国科学院院士、经济专家，新中国成立初期的外贸部长。创立了常熟第一个党组织，为上海工人武装起义研制炸弹。在常熟烈士陵园纪念馆中，有李强的塑像，还有他的事迹介绍。

**张光斗**：清华大学原副校长，中国科学院和中国工程院资深院士，水利水电工程专家、工程教育家。

**王淦昌**：毕业于清华大学物理系，核物理学家、中国科学院院士、"两弹一星功勋奖章"获得者。常熟支塘人，2000年，支塘中学更名为王淦昌中学，就是为了纪念这位常熟的科学巨星。

小结：他们都是我们家乡的优秀儿女。清明期间，我们可以到他们的故居、墓园寻访、祭奠。与古人对话，触摸他们的灵魂，缅怀他们的功绩，感念他们的情怀，了解家乡的历史，这就是清明祭奠先贤的意义。

### 环节三：清明祭英烈

家是最小的国，国是千万个家，有了强的国，才有富的家。清明节，我们祭奠先辈，祭奠先贤，更要祭奠祖国的英烈。中华民族是一个有着悠久历史的泱泱大国，（播放视频）然而鸦片战争以后，帝国主义列强纷纷将侵略的魔爪伸向中国，领土被瓜分，人民被杀戮，资源被掠夺，文明被践踏，中华民族陷入了水深火热之中。面对破碎的国土，面对受苦受难的人民，中华民族不屈的个性在一个个爱国的仁人志士身上爆发。你知道哪个革命先烈的故事，给大家讲一讲。

**李大钊**：中国共产党的创始人，被捕后受尽酷刑毫不动摇。我们语文课本上有一篇文章《十六年前的回忆》，描写了李大钊从被捕到牺牲的过程。牺牲时年仅38岁。

**杨靖宇**：他率领东北军民与日寇血战于白山黑水之间，在冰天雪地、弹尽粮绝的情况下，他孤身一人与大量日寇周旋，最后壮烈牺牲。有时间，同学们可以去读一读这个真实的故事《杨靖宇最后的五天五夜》。

**方志敏**：伟大的无产阶级革命家、军事家，他一生正气、清正廉洁，始终保持着革命党人的气节。1935年在南昌就义，年仅36岁。我们语文课本上有一篇文章《清贫》，写的就是他的故事。

**董存瑞**：在解放隆化的战斗中为了炸掉大桥，阻止敌人进攻，他手托炸药包，英勇牺牲，当时未满 19 岁。

**狼牙山五壮士**：在抗日战争时期，（马宝玉、葛振林、宋学义、胡德林、胡福才）5 位战士为了保护部队主力，把敌人引上棋盘陀绝顶，最后英勇跳崖。语文课本上也有他们的故事。

**小结**：还有抗日民族女英雄赵一曼、慷慨赴死的刘胡兰、为避免暴露放弃自救壮烈牺牲的邱少云、用自己的胸膛堵住敌人枪口的黄继光……更多的，是我们不知道姓名的革命者。清明祭英烈，我们要记住的不仅是他们的名字，更要记住他们为了正义的事业，舍身忘死、杀生成仁的革命精神。

**环节四：清明祭伟人**

"青山埋忠骨，万代颂英雄。"我们还要永远铭记为了祖国的独立解放，为了民族的繁荣富强，呕心沥血耗尽生命与智慧的伟大领袖。

1. 伟大领袖毛泽东

新中国的第一位国家主席毛泽东，是他指引了中国前进的方向。他不仅是伟大的革命家、政治家，还是伟大的诗人、书法家，他写过很多大气磅礴的诗作，我们一起来朗诵其中两首：

配乐朗诵：《七律·长征》《沁园春·雪》

2. 人民的好总理周恩来

新中国的第一位总理周恩来，从小立下"为中华之崛起而读书"的志向，为革命、为新中国鞠躬尽瘁。他是彻底的"无产者"，没有留下遗产，没有留下儿女，没有留下遗骨，却在无数后人心中留下了永远值得效法的崇高榜样。

情景剧表演：《为中华之崛起而读书》《温暖》

3. 改革开放总设计师邓小平

"改革开放""一国两制"，使中国走上了致富的道路。老百姓过上了好日子，中国模式成了世界学习的典范。1978 年和 1985 年，邓小平曾两次当选《时代》周刊"年度风云人物"，被称为中国改革开放和现代化建设的"总设计师"。

齐唱歌曲：《春天的故事》

小结：我们悼念革命领袖，就是为了铭记是他们呕心沥血、鞠躬尽瘁，带领全国人民建设新中国，努力奔小康。英雄不孤，薪火不灭。让我们用奋进的脚步告慰他们的英灵，让他们放心，中国后继有人。

同学们，每一次对故人的思念、对英雄的仰望，都是一次唤醒人生意义的自我点名；每一次对先辈的缅怀、对烈士的追忆，都是一次砥砺使命责任的郑重宣誓。待来年清明，你我再相约，共托追思情。

板书：

## 清明祭

清明祭先祖　清明祭先贤　清明祭英烈　清明祭伟人

# 珍爱地球，人与自然和谐共生

*4月22日　世界地球日*

【教学目标】

1. 感受地球的美丽富饶，知道地球是人类至今赖以生存的唯一星球。

2. 调查地球受损状况，提高保护环境、保护动物的意识。

【适用年级】小学中、高年级，初中

【教学准备】收集资料、分类整理；制作课件

【教学过程】

**环节一：地球，人类的母亲、生命的摇篮**

1. 我们美丽的地球

观看地球唯美视频，你看到了什么？（江河湖海、森林草地、高山峡谷、各种动物）你觉得地球是一个怎样的星球？

小结：地球，人类的母亲、生命的摇篮。苍翠的山峦，清澈的河水，金黄的麦田，湛蓝的大海，大自然母亲用画笔为我们绘就了一幅幅多姿多彩的生动画卷。山水林田、湖草沙冰是生命共同体，自然资源与人类的生活息息相关，不仅为人类提供赖以生存的作物，也为调节气候、制造氧气等做出重要的贡献。

2. 地球的求救信号

地球养育了人类，却遭受着人类的侵害，请听录音：

2021年9月，世界自然保护联盟更新了濒危物种红色名录，超

过 3.8 万个物种面临灭绝威胁，其中包括八分之一的植物，四分之一的哺乳动物，九分之一的鸟类，五分之一的爬行动物，四分之一的两栖动物，三分之一的鱼类。名录显示，902 个物种已灭绝，80 个物种在野外灭绝，处于极危、濒危、易危、近危的物种数量分别在 8404 个、14647 个、15492 个、8127 个。

为什么会有这么多的物种灭绝或濒临灭绝？

小结：（示图）18 世纪以来，人们蛮横地征服自然，蛮横地向自然索取，加上工业污染、战争等因素，伤痕累累的地球母亲再也无法忍受，不得不敲响了惩罚的警钟：地球变暖、温室效应、土地沙化、森林锐减、垃圾成山、水源污染、酸雨肆虐、臭氧层破坏……同时造成了物种的灭绝。

3. "世界地球日"诞生

为了提高民众对环境问题的重视，动员民众参与到环保运动中，通过绿色低碳生活，改善地球的整体环境，"世界地球日"诞生了。（播放录像）

1970 年 4 月 22 日，在美国民主党参议员盖洛·尼尔森和哈佛大学学生丹尼斯·海斯的倡议和组织下，美国数十万群众参与了"地球日"这个重要的活动，呼吁创造一个清洁、简单、和平的生活环境。2009 年 4 月 22 日，第 63 届联合国大会一致通过决议，将每年的 4 月 22 日定为"世界地球日"。"世界地球日"活动推动了许多国家环境法则的建立。2022 年是第 53 个世界地球日，主题为"珍爱地球，人与自然和谐共生"。

4. 地球知识竞答

| | |
|---|---|
| （1）地球表面百分之多少被水覆盖？（ B ）<br>A. 70%　　　B. 71%　　　C. 73% | |
| （2）地球在宇宙中安然生存，要感谢哪个星球，是它把原本撞向地球 | |

的陨石都吸走？（ B ）

　　A. 土星　　　　B. 木星　　　　C. 金星　　　　D. 天王星

（3）地球是太阳系由内到外的第几颗行星？（ B ）

　　A. 第二颗　　B. 第三颗　　　C. 第四颗　　　D. 第五颗

（4）世界三大活化石植物是指？（ A B D ）

　　A. 银杏　　　　B. 水杉　　　　C. 珙桐　　　　D. 鹅掌楸

（5）全球土地荒漠化面积占整个地球陆地面积的多少？（ B ）

　　A. 三分之一　B. 四分之一　　C. 五分之一　　D. 六分之一

5. 齐唱《热爱地球妈妈》

小结：地球的现状，关乎你我。我们在享受地球母亲馈赠的同时，也要对她心存敬畏，请守护我们共同的家园——地球。

**环节二：保护地球，我们一直在行动**

为实现人与自然和谐共生，保护生态环境，保护生物多样性，我们一直在行动。请各小队结合收集的资料和生活所见，说说我们中国已经付出了哪些行动？

1. 第一小队："新闻袋袋裤"（以新闻播报形式介绍）

---

**新闻1**：一头抹香鲸在浙江宁波象山石浦外围海域搁浅，因受退潮影响难以将其拖入深海，现场的救援人员采取原地保护措施，不断挖坑、泼水……一直坚持到涨潮。历经20个小时的接力营救，这头抹香鲸终于回归大海。

**新闻2**：2021年8月，"野象旅行团"离家17个月，终于平安"回家"。这背后离不开他们的全心守护：天上有无人机监控，地面有工作人员疏通道路、疏散人群。恰逢雨季河流涨水，象群无法自行跨越元江，便采用人工引导方式助其跨越。

**新闻3**：2021年4月23日，黑龙江密山市，一只野生东北虎下山进村被成功救护。在20多天的隔离检疫观察中，工作人员每天都会做好东北虎饮食、排便、吼叫等记录。5月18日，这只东北虎被放归自然。这也是我国首次成功救护并放归野生东北虎。

---

2. 第二小队："爱的成绩单"（以成绩单的形式介绍）

在改善全球生态环境方面，中国一直起着不可或缺的作用：

| 《中国的生物多样性保护》白皮书　2021 年 10 月 8 日 | |
|---|---|
| 成绩 1 | 大熊猫野外种群数量，40 年间从 1114 只增加到 1864 只，受危等级由"濒危"降为"易危"。 |
| 成绩 2 | 朱鹮由发现之初的 7 只，现总数超 5000 只，受危等级由"极危"降为"濒危"。 |
| 成绩 3 | 海南长臂猿野外种群数量从 40 年前的仅存 2 群不足 10 只，增长到 5 群 35 只。 |
| 成绩 4 | 亚洲象野外种群数量从 20 世纪 80 年代的 180 头，增加到 300 头左右。 |
| 成绩 5 | 2021 年，我国正式设立三江源、大熊猫、东北虎豹等一批国家公园，保护面积 23 万平方公里，涵盖我国近 30% 的陆域国家重点保护野生动植物种类。 |
| 成绩 6 | 目前，全国已建立各级各类自然保护地 1.18 万处，约占陆域国土面积的 18%。植树造林、野生动物保护、新能源开发利用…… |

3. 第三小队："环保进行时"（结合学生制作的手抄报或剪贴报进行介绍）

垃圾分类：做好垃圾分类，节约资源，不让垃圾污染环境。

植树造林：植树造林，美化环境，减少土地荒漠化。

节约水电：及时关灯，及时关闭电源；节约用水，进行水的循环利用。

低碳出行：走路、公交出行，各大城市都有公共自行车、电瓶车。

光盘行动：从我做起，争当光盘侠。

4. 第四小队："法律护环保"（以"第一人称"介绍）

环境保护法（1989 年 12 月起实施）

海洋环境保护法（1983 年 3 月起实施）

水污染防治法（1984 年 5 月通过，1996 年 5 月修正）

大气污染防治法（1987 年 9 月通过，1995 年 8 月修正）

野生动物保护法（1989 年 1 月颁布）……

这些法律，随着社会的发展都进行了修订，如《渔业法》2013年进行了全面修订，近几年又有了许多新规定。例：

长江十年禁渔：长江是世界上水生生物多样性最为丰富的河流之一，但在过去几十年中，长江水域环境破坏越来越严重。目前，长江生物完整性指数已经到了"无鱼"等级。从 2020 年 1 月 1 日起实施长江十年禁渔计划，这是保护长江的百年大计。

**环节三：誓卫地球，争当环保小先锋**

1. 习语金句

习近平总书记说："在生态环境保护建设上，一定要树立大局观、长远观、整体观，坚持保护优先，坚持节约资源和保护环境的基本国策，像保护眼睛一样保护生态环境，像对待生命一样对待生态环境，推动形成绿色发展方式和生活方式。"党的十八大以来，习近平总书记多次强调"绿水青山就是金山银山"，"两山理论"已成为引领我国走向绿色发展之路的基本国策。

2. 宣誓签名

我宣誓：为了青山常在绿水长流，为了人与自然和谐共生，我要用爱心、才智和行动，还河流以清澈，还青山以绿色，还天空以蔚蓝，还大地以生机。同在蓝天下，保护大自然。

板书：

**珍爱地球，人与自然和谐共生**

誓卫地球，争当环保小先锋

# 最美四"阅"天

4 月 23 日　世界读书日

【教学目标】

1. 培养阅读兴趣，提高阅读质量，引导学生与好书交朋友。

2. 了解优秀作家生平事迹，从他们身上汲取前进力量。

【适用年级】小学高年级，初中

【教学准备】参加阅读节活动；制作课件

【教学过程】

课前播放 2022 年世界读书日微视频《阅读之美》。

**环节一：为什么要读书**

联合国教科文组织于 1995 年宣布，4 月 23 日为"世界读书日"。2022 年是第 27 个世界读书日。今天我们聊聊关于读书的话题。"我们为什么要读书？"关于这个话题，各小队已经进行了前期的讨论，下面请各小队上台交流。

1. 第一小队：读书，让生活充满诗意

由 2 位学生表演一段相声，请同学们说说读书和不读书有什么区别？

| 看到景象 | 不读书的人会说 | 读书的人会说 |
|---|---|---|
| 看到漫天黄沙 | 哇！好多好多沙！ | 大漠沙如雪，燕山月似钩。 |
| 看到河中白鹅 | 哇！好大的鹅！ | 白毛浮绿水，红掌拨清波。 |

续表

| 看到景象 | 不读书的人会说 | 读书的人会说 |
|---|---|---|
| 看到野鸭飞起 | 看，一群野鸭！ | 落霞与孤鹜齐飞，秋水共长天一色。 |
| 看到大柳树 | 这棵柳树真高！ | 碧玉妆成一树高，万条垂下绿丝绦。 |
| 看到春光明媚 | 花都开了，真美！ | 等闲识得东风面，万紫千红总是春。 |

小结：读书，可以给平凡的景、平凡的物、平凡的人、平凡的生活抹上不一样的色彩。无论是"曲水流觞"的风，还是"月上柳梢头，人约黄昏后"的浪漫，抑或是"大风起兮云飞扬，威加海内兮归故乡"的豪情，都能让生活充满诗意与温馨。

2. 第二小队：读书，让人生走向更高境界

**观察漫画，说说读书有哪几层境界？**
读书的三层境界
第一境：看到眼前的大多数人都能看到的风景。
第二境：看到许多人看不到的风景，或许景色不美，甚至让人担忧、愤怒、迷茫。
第三境：冲突迷雾，冲破黑暗，看到无限壮阔的风景，胸中如有万里层云激荡，豪情满怀。

小结：读书之乐何处寻，数点梅花天地心。阅读的最大理由是摆脱平庸。只有让我们的灵魂融入书的海洋，让书的内容融入我们的生命，才能拥有比海更为广阔的心灵空间，才能让人生走向更高、更美的境界。

3. 第三小队：读书，遇见更好的自己

观看白岩松演讲视频：《人为什么要读书》

观看董卿演讲视频：《阅读的真正意义》

从两位著名主持人的演讲中，你得到了怎样的启示？

小结：罗翔说："我们为什么要读书，是为了坦然接受自己的命运和失败，是为了在遭受苦难与挫折的时候有勇气继续前行。"读书，才能遇到更好的自己。

4. 第四小队：读书，树立人生不屈的信仰

名人故事：周恩来《为中华之崛起而读书》

讨论：周恩来为什么要为中华之崛起而读书？（家是最小国，国是千万家，有了强的国，才有富的家）

诵读周恩来留学日本时写的诗：

**无　题**

大江歌罢掉头东，邃密群科济世穷。

面壁十年图破壁，难酬蹈海亦英雄。

小结：山河破碎，读书是为了求索救国良方；百废待兴，读书是为了改天换地，矢志报国；变革岁月，读书是为了和国家一起奋起直追；新时代的青少年，读书是为了勇担重任，不负时代。

**环节二：该怎么读书**

1. 从故事中领悟读书方法

苦读：《鲁迅夜读嚼辣椒》。每当读书读到夜深人静、天寒体困时，鲁迅就摘下一只辣椒，分成几片，放在嘴里咀嚼，直嚼得额头冒汗，眼里流泪，嘴里唏唏，顿时，周身发暖，困意消除，于是又捧起书攻读。

专读：《董仲舒三年不窥园》。董仲舒专心攻读，孜孜不倦。他的书房后虽然有一个花园，但他专心致志读书学习，3 年没有进园观赏一眼。董仲舒如此专心致志地钻研学问，使他成为西汉著名的思想家。

醉读：《闻一多醉书》。闻一多读书成瘾，一看就"醉"。就在他结婚的那天，迎亲的花轿快到家时，还不见新郎，结果在书房里

找到了他。他仍穿着旧袍，手里捧着一本书入了迷。

乐读：《黄侃误把墨汁当小菜》。著名学者黄侃终日潜心研究国学，有时吃饭也不出门，饿了便啃馒头，边吃边看书，看到妙处就大叫：妙极了！有一次，他看书入迷，竟把馒头伸进了砚台、朱砂盒，啃了多时，涂成花脸。

2. 从名言中领悟读书方法

（1）读书之法无他，惟是笃志虚心，反复详玩，为有功耳。——朱熹

（2）读书之法在循序渐进，熟读而精思。——朱熹

（3）读书有三到，谓心到，眼到，口到。——朱熹

（4）读书是学习，摘抄是整理，写作是创造。——吴晗

（5）欲速是读书第一大病，功夫贵在绵密不间断，不在不速也。——陆珑

从这些名言中，你得到了怎样的启示？结合实际谈谈体会。

**环节三：你读过哪些好书**

1. 好书推荐

例：我给大家推荐的好书是《海底两万里》，它是法国著名科幻小说之父儒勒·凡尔纳的佳作，属于科幻探险类小说。作者用自己的想象，将曲折紧张的故事情节、瞬息万变的人物命运和细节逼真的美妙幻想融为一体，带领人们走入了未知的海洋世界。

| 推荐书单 | | |
|---|---|---|
| 书　名 | 作　者 | 推荐理由 |
| 《西游记》 | ［中］吴承恩 | 中国四大古典名著之一，魔幻小说。 |
| 《十万个为什么》 | ［苏］米·伊林 | 科普读物，文字生动活泼，内容深入浅出。 |

续表

| 推荐书单 | | |
|---|---|---|
| 书 名 | 作 者 | 推荐理由 |
| 《八十天环游地球》 | ［法］儒勒·凡尔纳 | 非凡的想象力，浪漫而又符合科学的幻想。 |
| 《上下五千年》 | ［中］廉东星 | 领略中华上下五千年的灿烂历史，认识不同性格的君王、臣子、将军。 |
| 《昆虫记》 | ［法］法布尔 | 堪称科学与文学完美结合的典范。 |

2. "书中人物秀"

同学们把自己打扮成书中的主要人物，说上一小段台词，精彩亮相。例：

孙悟空——俺老孙来也！

唐僧——贫僧唐三藏，从东土大唐而来，去往西天拜佛取经。

猪八戒——猴哥，师傅又被妖精抓走了！

沙僧——大师兄，师傅和二师兄都被妖怪抓走了！

小结：书犹药也，善读之可以医愚。读一本好书，就是和许多高尚的人谈话。书是灯塔，照亮前行的路。养成读书的好习惯，好方法，将受益终身。


板书：

## 最美四"阅"天

为什么要读书　该怎么读书　你读过哪些好书

# 千年飞天梦

4 月 24 日　中国航天日

【教学目标】

1. 了解中国航天史，增强民族自尊心、自豪感。

2. 了解一代代航天人付出的艰辛和努力，学习他们潜心研究、勇攀高峰、不计个人得失的科学家精神。

3. 学习航天知识，立志从小学好本领，长大报效祖国。

【适用年级】小学高年级，初中

【教学准备】了解航天知识和航天人的故事；制作课件

【教学过程】

**环节一：中华民族千年飞天梦**

1. 乐神飞天

同学们，甘肃敦煌莫高窟的壁画宏伟瑰丽，其中以飞天最具代表，我们来欣赏一组飞天的图片。你看到了什么？

飞天代表着中国古代劳动人民对宇宙的向往、对自由的渴望。

2. 嫦娥奔月

《嫦娥奔月》故事里这样描绘月宫：月亮是宇宙最美的地方，那里有月宫，月宫里住着美丽的嫦娥，桂树婆娑，玉兔捣药。

敦煌石窟的仕女飞天壁画，嫦娥奔月的美丽神话，无不寄托着华夏子孙的飞天梦想。后来，中国人又是如何一步步实现这一伟大梦想的呢？

**环节二：中国航天四大里程碑**

1. 第一个想到利用火箭飞天的人——明朝的万户

讲故事：14 世纪末，明朝的士大夫万户把 47 个自制的火箭绑在椅子上，自己坐在椅子上，双手举着大风筝。不幸火箭爆炸，万户也为此献出了宝贵的生命。

2. 中国第一颗人造卫星——东方红一号

播放当时广播录音：1970 年中国第一颗人造卫星"东方红 1号"成功升空，成为中国航天发展史上第二个里程碑。

3. 中国第一次载人航天——"神五"升空

播放录像：2003 年 10 月 15 日，中国神舟五号载人飞船升空，成为中国航天事业发展史上的第三个里程碑。

4. 中国第一个太空实验室——天宫二号

观看图片：2016 年 9 月 15 日 22 时 04 分 09 秒，天宫二号空间实验室在酒泉卫星发射中心发射成功。

**环节三：宇宙级别的中国式浪漫**

4 月 24 日是中国航天日，从"神舟""北斗"到"嫦娥""玉兔"，再到"天宫""天问"，中国人把对浩瀚星空和未知宇宙的无尽憧憬，寄托在这些美好的名字中，这些充满浪漫和诗意的名字，寄托着中华民族几千年的飞天梦想和对探索宇宙的浪漫想象。你知道这些名字背后的故事吗？请同学们阅读以下材料，然后每人出一道题考考大家。

| 序号 | 名字背后的故事 |
|---|---|
| 01 | 天河漫漫，"北斗"指路：中国自己的卫星导航系统。 |
| 02 | "嫦娥"奔月：中国首颗绕月人造卫星。 |
| 03 | "玉兔"伴"嫦娥"：将月球车定名为"玉兔"，与"嫦娥"一道奔月。 |

续表

| 序号 | 名字背后的故事 |
|---|---|
| 04 | 地月"鹊桥"相会：2018年4月，作为地月信息联通的"天桥"，名字来源于牛郎织女的民间传说。 |
| 05 | "神舟"飞天："神舟"意为"神奇的天河之舟"，又是"神州"的谐音。这个名字成为中国自主制造的载人飞船的名字。 |
| 06 | "天宫"之家：中国载人空间站，整体被命名为"天宫"，这是炎黄子孙关于天阙最美好的想象。 |
| 07 | "天问"可即，志在无垠：两千多年前，诗人屈原仰望苍穹，发出"天问"。两千多年后，以屈原长诗命名的天问一号探测器在火星乌托邦平原南部预选着陆区精准着陆。 |
| 08 | "祝融"巡火：祝融是中国上古神话中的火神，三皇五帝时的掌火之官，以火神的名字命名中国第一辆火星车。 |
| 09 | 火眼金睛的"悟空"：暗物质粒子探测卫星名为"悟空"，可以在茫茫太空中识别暗物质的踪影。 |
| 10 | "墨子号"纵横寰宇：2016年8月16日，被命名为"墨子号"的中国首颗量子科学实验卫星开启星际之旅。墨子在两千多年前就发现了光线沿直线传播，并设计了小孔成像实验，奠定了光通信、量子通信的基础。 |
| 11 | "羲和"探日："羲和号"是中国首颗太阳探测科学技术试验卫星，羲和是中国上古神话中的太阳女神。 |

**环节四：航天背后的故事**

1. "中国航天之父"钱学森

钱学森是我国航天科技事业的先驱和杰出代表，被誉为"中国航天之父""中国导弹之父"。他早年留学美国，1955年回国的愿望才得以实现。回国后，他凭借"外国人能干的事，中国人一样可以做到"的信念，为祖国尽心尽力，让中国导弹、原子弹、人造卫星的发射成功至少向前推进了20年。2007年，感动中国十大人物为他写下颁奖词，一起读一读：

在他心里，国为重，家为轻；科学最重，名利最轻。5 年归国路，10 年两弹成。开创祖国航天，他是先行人，披荆斩棘，把智慧锻造成阶梯，留给后来的攀登者。他是知识的宝藏，是科学的旗帜，是中华民族知识分子的典范。

2.《我的偶像》邓稼先

观看梁植演讲《我的偶像》，说说哪里让你感动？

诵读演讲片段：26 岁，邓稼先拿到博士学位的第 9 天，就回到了 1950 年那个一穷二白的中国。34 岁，他回家告诉妻子说："我要调动工作了，明天走。"妻子问他你要去哪儿，你要去做什么？你要做多久？他的回答都是"不能说，不能说，不能说"。从此，他消失了，整整 28 年。回来的时候，他是一个 61 岁直肠癌晚期的病人。作为中国第一颗原子弹和第一颗氢弹的理论设计总负责人，他一共获得了国家奖金特别奖 20 元，其中原子弹 10 元，氢弹 10 元。

3. 他们经历了什么

航天员是同学们眼里的英雄。在鲜花与掌声的背后，他们经历了什么？（播放短片）

（1）超高风险的航天发射。

（2）危机四伏的太空环境。

（3）极尽严苛的航天训练。

听完"航天背后的故事"，请同学们谈谈自己的感受。

**环节四：我有一个航天梦**

1. 航天作品展示

展示用乐高拼搭、废旧物品制作的航天器、航天幻想画、航天手抄报、航天剪贴报等。谈谈自己制作的感受和航天的梦想。

2. 微演讲

人生是船，梦想是帆，很多同学都想成为一名宇航员，去探索未知的蓝色空间。黑洞到底存不存在？太阳系是怎样形成的？木星的内核存不存在？天宫一号、神舟 13 号等航天器的成功发射，拨动了无数拥有航天梦的人们的心弦。要实现梦想，不仅要有广博的知识、丰富的经验、长期不停的训练，而且还要有坚强的意志和为国献身的勇气。唯有不懈努力，才能将理想变为现实。（板书：理想　现实）

　　板书：

### 千年飞天梦
　　理想　现实

# 生命保卫战

每年4月　全国爱国卫生月

【教学目标】

1. 通过了解"疫情"，感受生命的脆弱，懂得珍爱生命。

2. 交流抗"疫"感人事迹，体会"一方有难，八方支援"的大爱情怀和集体主义精神。

3. 懂得战胜病魔，需要有科学的方法和一流的技术，从小学好本领，长大才能捍卫生命。

【适用年级】小学中、高年级，初中

【教学准备】了解新冠疫情和抗疫故事；制作课件

【教学过程】

2020年初，当人们还沉浸在迎接春节的喜悦和期盼中，新型冠状病毒恶魔般从天而降。病毒从武汉开始蔓延，几乎席卷了整个中华大地。湖北告急！浙江告急！广东告急！疫情如一块巨石砸向人们原本祥和的生活，一时间沉渣巨浪翻涌，中华大地笼罩阴霾。

**环节一：一场突如其来的灾难——生命，如此脆弱**

1. 新闻发布会

新型冠状病毒到底是一种怎样的病毒？它是怎么发生、怎么传播的？请第一小队为大家介绍。

结合图片介绍：冠状病毒是一个大型病毒家族，已知可引起感冒及中东呼吸综合征（MERS）和严重急性呼吸综合征（SARS）等较严重疾病。新型冠状病毒是以前从未在人体中发现的冠状病毒新毒株。人感染了冠状病毒后，常见体征有呼吸道症状、发热、咳嗽、气促和呼吸困难等。在较严重病例中，感染可导致肺炎、严重急性呼吸综合征、肾衰竭，甚至死亡。

2. 结合统计数据，介绍自 2020 年全中国、全世界新冠疫情情况，包括确诊人数、治愈人数和死亡人数。

在这场突如其来的灾难中，多少生命像花一样凋零，我们的祖国和人民经受了严峻的考验。

**环节二：一场没有硝烟的战争——逆行，向人民报告**

1. 我眼中的"战疫先锋"

苟利国家生死以，岂因祸福避趋之。灾难发生后，医护人员冲锋在前，打响了感天动地的"生命保卫战"！在这场没有硝烟的战争中，涌现出了多少可歌可泣的感人故事。下面有请第二小队和大家分享他们眼中的"战疫先锋"。

2. "战疫先锋"故事

例：大年初二，安庆市第一人民医院副护士长张敏，要奔赴疫区了。行前，女儿抱住她，哭着不让妈妈走。张敏忍住泪水，告诉女儿："妈妈要去打怪兽了，很快就回来……"

3. "战疫"日记

结合本班或本校实际，朗读《妈妈（爸爸）的"战疫"日记》，或播放孩子和妈妈（爸爸）的通话录音。教师利用手机当场请学生代表对"英雄妈妈（爸爸）"表达感激和敬意。

4. 给钟南山爷爷的一封信

在这场没有硝烟的战争中，有一个人备受瞩目，他就是钟南山爷爷。我们来读一封当时武汉的少先队员给钟南山爷爷写的信。

敬爱的钟南山爷爷：

　　您好！

　　我们是⋯⋯2020年的春节，我们的城市病了，新型冠状病毒如黑暗中的幽灵在武汉肆虐，四处蔓延，威胁着整个华夏大地。

　　在这万分危急的时刻，2020年1月18日，您不顾个人安危，乘高铁来到武汉前线⋯⋯武汉封城了，好多地方封路了、封村了，我们不能上学，也不能出去玩，但我们一点儿也不讨厌。"初一原地不动，初二按兵不动，钟南山说动我们才动。"钟爷爷，我们都听您的话，自动隔离、保护好自己是对祖国最好的回报。爸爸说，一个人要成长，得吃得了苦，经得起挫折。我想，我们的祖国也一样，风雨之后更坚强⋯⋯

　　　　　　　　　　　　　　　　　　　　　　　阳光中队

　　　　　　　　　　　　　　　　　　　　　　　×年×月×日

　　健康所系，性命相托，他们是勇敢的逆行者；扛起使命，冲锋在前，他们是无畏的大英雄。你听——（播放护士录音）"只有大家安全，我们小家才会安全，为了更多人回家，这次我选择暂时离家。"这是所有医护人员的心声啊！敬佑生命，救死扶伤，这就是医者的大爱仁心。

　　**环节三：一首众志成城的赞歌——携手，为生命护航**

　　1. 普通人的"战疫故事"

　　同学们，在2020年这场没有硝烟的战争中，除了冲锋在一线的医护人员，还有千千万万的普通人，都为"抗疫"倾尽全力，请听一听他们的故事。有请第三小队为大家分享。

　　例：大年三十，河南沈丘。42岁的村支书王国辉载着5吨蔬菜，只身赶往火神山医院工地。他曾在武汉服役17年，在部队主管后勤。大年三十早上5点，他拍门叫醒村民，号召大伙起来收菜。20多口人应声而来，忙活了半天，整整装了5吨蔬菜。王国辉马不停蹄开车上路，年三十儿晚上8点，就把菜送到了武汉。他说："我是武汉老兵，1998年抗洪，我在一线。2008年冰灾，我在一线。这次疫情，我理所当然也该去。"

2. 对话火神山医院建设者

2020 春节期间，确诊病例每天数以千计地增加，为了尽快解决病人收治难的问题，武汉必须迅速建造医院。在十万火急的情形下，"火神山医院""雷神山医院"奇迹般地诞生了。请听诗歌《他们跑赢了时间》：

十天不到，就要建成一所医院！

这所医院的面积为 3.4 万平方米，

相当于 7 个足球场，要容纳 1000 张床位！

和时间赛跑，和病毒赛跑，

火神山医院的建设者们跑出了"火神山速度"！

4200 多位建设者，130 多台大小挖掘机，

一天工作 20 多个小时，

一顿饭 5 分钟不到就搞定！

他们不是超人，

却跑赢了时间！

疫情是一面镜子，折射出人性的光辉；灾难是一块试金石，检试出中国人的士气。向建设者们致敬！向所有为这场"战疫"付出心血和智慧的人们致敬！向中国人民致敬！

**环节四：一段刻骨铭心的记忆——守护，愿祖国平安**

1. 战疫小先锋

疫情下，同学们如何响应政府的号召，当好"战疫小先锋"呢？有请第四小队的同学进行汇报。如：

结合照片，介绍停课期间自己的学习生活情况，如上网课、看书、练字、画画、练琴等，展示学习成果。结合学生实际，介绍参加宣传、洒扫、关心社区孤老等方面的工作。

2. 微演讲

### 多难兴邦　殷忧启圣

2020年，注定是不平凡的一年，跨入新年，一场罕见的凶猛疫情向我们扑来，人们刚来到年关就撞上了难关。

与病魔抗争，为生命接力。除夕之夜，当人们还在收看春节联欢晚会的时候，载着海陆空三军医疗队的飞机分别从上海、陕西、重庆腾空而起，飞赴武汉。在万家团圆的新春佳节，来自全国各地的医护人员，有的来不及吃年夜饭，有的把小孩托付给父母，有的推迟婚期，有的不顾亲友劝阻，主动请缨，义无反顾踏上征程。一份份摁着鲜红手印的请战书，一句句铿锵有力的誓言，令人动容。

有一种共识，叫同舟共济；有一种力量，叫众志成城。中国人民万众一心，打响了气壮山河的"生命保卫战"。习近平总书记说："我们的血液中流淌着中华民族的优秀基因，这是我们攻坚克难、走向复兴的底蕴和自信。"

多难兴邦，殷忧启圣；慨当以慷，忧思难忘。

3. 生命启示录

经历了这样一段刻骨铭心的日子，你对生命有了怎样新的认识？

——热爱生命、保护生命就是对生命最好的回馈。

——在人民危难之际挺身而出，为挽救他人的生命赴汤蹈火，这是崇高伟大的生命，这样的生命"重于泰山"。

——只有学好知识，练好本领，才能拥有保护自己生命，保护他人生命的能力和智慧。

——灾难随时都有可能降临，未雨绸缪，才能镇定自若迎接挑战。捍卫生命，捍卫全人类。

板书：

### 生命保卫战

生命，如此脆弱　逆行，向人民报告

携手，为生命护航　守护，愿祖国平安

# 劳动创造美

【教学目标】

1. 懂得"美好的生活要靠劳动来创造"的道理。

2. 树立正确的劳动观念，尊重劳动者，珍惜劳动成果。

3. 为家庭、集体做力所能及的事，养成良好的劳动习惯。

【适用年级】小学中、高年级，初一

【教学准备】家务劳动小调查，收集劳动故事等；制作课件

【教学过程】

**环节一：认识劳动者**

1. 调查汇报

课前，同学们开展了"我身边的劳动者"调查，下面请大家交流汇报：

| 劳动者 | 劳动内容 |
|---|---|
| 妈妈 | 每天烧菜做饭，打扫卫生，把家里收拾得干干净净、温暖舒适。 |
| 农民伯伯 | "锄禾日当午，汗滴禾下土。"辛苦的田间劳作使农民皮肤黝黑，双手粗糙长满老茧。 |
| 建筑工人 | 数十米高的脚手架上，总能隐约看到黄色的安全帽在跃动，这是建筑工人在辛勤地工作，是他们建起了高楼大厦。 |

续表

| 劳动者 | 劳动内容 |
|---|---|
| 快递小哥 | 快递小哥骑着电瓶车忙碌地穿梭在大街小巷，为人们提供满意的服务。 |
| 警察叔叔 | 警察叔叔在十字路口指挥交通，严寒酷暑，从不间断。 |
| …… | …… |

小结：满山的桃花，碧绿的田野，农民用粗实的双手换来丰收的粮食，为我们提供美味的食物；四溅的钢花，轰鸣的机床，工人用坚实的臂膀为现代化建设贡献力量；厨师、理发师、园艺师、水电修改工、快递小哥……各行各业的人们，都是值得尊敬的劳动者。

2. 观点辨析

小明说："医生、教师、程序设计员、科技研究员等和农民、工人不一样，他们的工作不需要花很多力气，所以不属于劳动者。"

你同意小明的观点吗？为什么？

小结：劳动分体力劳动和脑力劳动，医生、教师、科技人员所从事的工作主要是脑力劳动，所以他们也是劳动者。我们学习科学文化知识，也需要大量的脑力劳动，学生也是劳动者，光荣的劳动者。

3. 知识链接

**"五一"劳动节的由来**

1886 年 5 月 1 日，芝加哥 20 多万工人为争取实行八小时工作制举行大罢工，经过艰苦的流血斗争，终于获得了胜利。为纪念这次工人运动，1889 年 7 月 14 日，由各国马克思主义者召集的社会主义者代表大会，在法国巴黎隆重开幕。大会上，与会代表一致同意，把 5 月 1 日定为国际无产阶级的共同节日，这一决议得到了世界各国工人的积极响应。

**环节二：致敬劳动者**

1. 劳模事迹交流

中华民族自古是勤劳勇敢的民族，全国劳动模范、五一劳动奖章、共和国勋章获得者等，成为亿万劳动者中的杰出代表，在社会主义建设的进程中，引领着时代的步伐。课前，同学们收集了很多关于他们的故事，先组内交流，再推选代表上台交流。例：

| 劳动模范 | 先进事迹 |
| --- | --- |
| 袁隆平：享誉海内外的著名农业科学家，"中国杂交水稻之父"，"共和国勋章"获得者，中国工程院院士。 | 致力于杂交水稻技术的研究、应用与推广，创建了超级杂交稻技术体系，解决了中国14亿人口的吃饭问题。将中国技术向世界推广，推动了人类历史的进程。 |
| 吴登云：2009年当选为"100位新中国成立以来感动中国人物"，被誉为"白衣圣人""马背医生"。 | 1963年从扬州医学专科学校毕业，自愿到我国最西端的新疆乌恰县，工作了40年。他每年都要花三四个月的时间翻山越岭、风餐露宿，深入牧区巡诊和防疫，受到人民的衷心爱戴。 |
| 黄大发：贵州遵义一个少数民族的村支书，曾获"全国劳动模范""时代楷模"等荣誉称号，被誉为"当代愚公"。 | 他带领村民历时36年，在悬崖绝壁上开凿出一条主渠长7200米、支渠长2200米的"生命渠"，用实干兑现"水过不去，拿命来铺"的誓言，为改善山区群众用水条件、实现脱贫致富做出巨大贡献。 |
| 孙泽洲：嫦娥四号探测器总设计师，曾获光华工程科技奖青年奖、世界航天奖、首届航天功勋奖等光荣称号。 | 长期致力于月球和深空探测领域研究和工程实践。圆满完成了我国首次绕月探测任务、首次月面软着陆及巡视探测任务，为我国月球和深空探测领域的发展做出了突出贡献。 |

续表

| 劳动模范 | 先进事迹 |
|---|---|
| 常德盛：常熟任阳蒋巷村党支部书记，全国第三届道德模范、全国优秀共产党员、全国乡镇企业家、全国劳动模范。 | 他以"天不能改，地一定要换"的豪情壮志，用50年的执着追求，将一个血吸虫病横行的穷乡村、光棍村改造成了世外桃源般的全国文明村、生态村，走出了一条社会主义新农村的发展道路。 |

听了他们的事迹，同学们有什么感想？

小结：没有詹天佑的劳动，哪有京张铁路的完美竣工，哪有中国人的扬眉吐气。没有袁隆平的劳动，哪里有今日丰产的水稻。劳动是神奇的，劳动是伟大的，劳动者用勤劳的双手和智慧，推动着社会文明的进程。向全中国、全世界的劳动者致敬！

2. 尊重劳动者

各行各业的劳动者为我们创造了幸福的生活，我们应该怎样对待劳动者，怎样对待他们的劳动果实？来听听两位国家领导人的故事。

《"淘粪工"成贵宾》：时传祥，一个淘粪工人，成了人民的楷模，成了共和国主席的贵宾。在旧社会，淘粪工曾被人蔑称为"屎壳郎"。新中国成立后，淘粪工和其他劳动者一起受到了社会的尊重。1966年国庆节前，毛泽东特意把时传祥接进中南海小住。国庆节当天，时传祥作为贵宾被请上了天安门，参加国庆观礼活动，这是他有生以来第一次登上天安门。在城楼上，毛泽东握着他的手，向他表示亲切的问候。

《温暖》：天快亮了，敬爱的周总理走出人民大会堂。他为国家为人民又工作了整整一夜。周总理刚要上车，看见远处有一位清洁工人正在清扫街道。他走过去，紧紧握住工人的手，亲切地说："同志，你辛苦了，人民感谢你。"清洁工人望着敬爱的周总理，激动得说不出话来。深秋的清晨是寒冷的，周总理却送来了春天的温暖。

听完两位国家领导人的故事，同学们有什么启示？

小结：劳动不分贵贱，不分高低，两位新中国领导人对劳动者的敬重，昭示着劳动光荣、劳动者伟大成了共和国的崇尚。只要所做的工作对他人有利、对社会有利，都是值得尊敬的劳动者。（板书：致敬劳动者）

3. 劳动者赞歌

诗歌朗诵《劳动者赞歌》。

**环节三：劳动创造美**

1. 家务劳动调查

只有劳动才能创造财富，才能创造美的生活。课前，同学们都填写了家务劳动调查表，老师进行了汇总。

**阳光中队家务劳动调查统计**

| 项　　目 | 经常做 | 难得做 | 从来不做 |
| --- | --- | --- | --- |
| 整理自己的书桌、房间 | 80.2% | 11.8% | 8% |
| 去附近的超市购买日常用品 | 89.3% | 10.7% | 0% |
| 主动清洗蔬菜、水果等 | 55.6% | 32.4% | 12% |
| 做洗碗、拖地等力所能及的家务 | 55% | 21.8% | 23.2% |
| 会洗自己的鞋子、袜子、内衣等 | 25.2% | 34.7% | 40.1% |
| 养护花草 | 22.1% | 47.6% | 30.3% |

观察数据：有什么发现？（同学们参加家务劳动的情况还不够理想）

讨论，我们为什么要做力所能及的家务劳动？

小结：劳动可以使我们的双手和大脑协调发展，加快脑细胞发育成长。另外，劳动可以培养我们的动手习惯和吃苦耐劳的精神。在营养良好的情况下，劳动还能促进大肌肉、小肌肉的发展。希望同学们积极劳动，争当"劳动小达人"。

2. 评选"劳动小达人"

课前，每个同学都填写了"劳动小达人"推荐表。请大家交流后进行民主评议。

通过投票结果，选出"劳动小达人"，介绍他们的事迹。

（板书：争当小达人）

3. 班级劳动公约

由班长宣读《班级劳动公约》。请每个同学在公约上签字。

让我们为家庭、为集体贡献劳动与智慧，创造更美的生活！


板书：

**劳动创造美**

致敬劳动者　　争当小达人

# 中国青年

【教学目标】

1. 走进中国近代史，了解五四青年节诞生的历史背景。

2. 了解一代代中国青年大胆开拓、无私奉献的先进事迹，学习他们的精神。

3. 立志刻苦学习，积极锻炼，将来做有为青年，为祖国的发展贡献力量。

【适用年级】小学高年级，初中

【教学准备】了解五四青年节的由来；制作课件

【教学过程】

观看视频：建团百年主题 MV《闪光如你》。

**环节一：五四运动的历史背景**

1. 苦难

同学们，2022 年 5 月 4 日是五四青年节，也是"中国共产主义青年团"建团 100 周年纪念日。同学们都知道，五四青年节的由来与五四运动有关。那么五四运动又是在什么样的历史背景下爆发的呢？要回答这个问题，我们得去一个地方。（示图）这是 100 年前的中国。你看到了什么？

——贫穷！饥饿！灾荒！战争！疾病！死亡！

如果你是生活在这个时期的孩子，会怎样？

——害怕！恐惧！哭泣！逃离！

我们都知道，中国原本是一个历史悠久的发达国家。直到清朝初期，中国的社会生产力仍处于世界前列。可是后来，中国日渐衰弱。阅读以下资料，谈谈你的感想。

**介绍背景：**由于清政府对内实行专制统治，对外采取闭关自守的政策，国家越来越衰败。落后就要挨打，从1840年至1900年的60年间，西方列强先后发动了包括鸦片战争、甲午战争、八国联军侵华在内的5次大规模战争。5次侵华战争前后持续了10年。最不可思议的是，战争结束后，中国还被迫签订了《南京条约》《马关条约》《辛丑条约》等100多个不平等条约，割地、赔款、开放口岸、丧失主权。自此，中国一步步沦为半殖民地半封建社会。最惨的是中国老百姓，既要受封建统治阶级的剥削，又要受外来帝国主义的压迫，饿死的饿死，病死的病死，被打死的打死，中华大地，哀鸿遍野，满目疮痍。

2. 觉醒

当时不仅中国，世界上许多国家都遭受着同中国一样的命运。1917年，俄国十月革命的胜利，为世界无产阶级革命、殖民地和半殖民地的民族解放运动开辟了道路。中国先进知识分子认识到，要挽救中华民族，必须在中国建立一个以马克思学说武装起来的无产阶级的先进政党。

（学生介绍）李大钊，是在中国系统传播马克思主义的第一人。陈独秀是李大钊最忠实的革命伙伴，他积极创办《新青年》杂志，高举"民主""科学"的大旗，宣传马克思主义和社会主义学说，热情颂扬俄国十月革命。马克思主义的广泛传播，进一步促进了中国人民，特别是青年知识分子的觉醒。2021年的热播剧《觉醒年代》就是以这段历史故事为线索，再现了100年前中国先进分子和热血青年追求真理、燃烧理想的澎湃岁月。

3. 反抗

1919年，中国历史上发生了一件大事。播放录像：

五四运动：1919年初，第一次世界大战的战胜国在法国巴黎召开所谓的"和平会议"。在英国、美国、法国、日本等国的操纵下，战胜国中国得到的却是和战败国一样的待遇。北洋政府屈服于列强压力，准备在合约上签字。消息传到国内，激起了社会各界的强烈愤慨，以学生斗争为先导的五四运动爆发了。

5月4日，北京大学等校学生在天安门前集合，高呼"外争主权，内除国贼""誓死力争，还我青岛"等口号，游行示威。学生们的爱国行动遭到了北洋政府的镇压之后，上海等地学生罢课，工人罢工，商人罢市，支持北京学生，形成了全国范围的群众性反帝爱国运动。北洋政府迫于压力释放了被捕学生，中国代表团拒绝在合约上签字，五四运动取得胜利。

五四运动的胜利，在中国近代史上有着什么样的作用和意义呢？

小结：五四运动是一次彻底的不妥协的反帝反封建的爱国运动。促进了马克思主义与中国工人运动的结合，为中国共产党的建立做了思想上、干部上的准备。五四运动揭开了中国新民主主义革命的序幕，推动了中国历史进程，促进了马克思主义在中国的广泛传播。

**环节二：弘扬"五四"精神**

1. "五四"青年节的诞生

为了继承和发扬五四运动以来中国青年光荣的革命传统，1939年，陕甘宁边区西北青年救国联合会规定5月4日为"中国青年节"。中华人民共和国成立后，中央人民政府政务院于1949年12月正式宣布以5月4日为中国青年节。

2. 学习"五四"精神

请同学们结合五四运动的历史过程，说说什么是"五四"精神？

小结："五四"精神的核心内容为"爱国、进步、民主、科学"，对国家命运的担当，对社会问题的激情破解，对各行各业的唤醒与创造。

3. 习近平总书记《在庆祝中国共产主义青年团成立 100 周年大会上的讲话》

播放录音片段：实现中国梦是一场历史接力赛，当代青年要在实现民族复兴的赛道上奋勇争先。时代总是把历史责任赋予青年。新时代的中国青年，生逢其时、重任在肩，施展才干的舞台无比广阔，实现梦想的前景无比光明。在庆祝中国共产党成立 100 周年大会上，共青团员、少先队员代表响亮喊出"请党放心、强国有我"的青春誓言。这是新时代中国青少年应该有的样子，更是党的青年组织必须有的风貌。

听了习总书记的话，谈谈感受。

小结：中国当代青年要担当起对历史的承诺，担当起民族复兴的大任。

**环节三：中国"青年说"**

自五四运动以来，中国涌现出了一批又一批优秀青年，他们扬鞭奋蹄，为新中国的建立、建设和发展洒下了青春的汗水、泪水和血水。让我们走进"中国青年说"，听听他们的故事。

1. "排雷英雄"杜富国

学生讲述：2018 年 10 月 11 日下午，南部战区陆军云南扫雷大队四队在云南省麻栗坡县某雷场进行扫雷作业，作业组长杜富国带战士艾岩在一个爆炸物密集的阵地雷场搜排时，发现一个少部分露于地表的弹体。"你退后，让我来！"当杜富国按作业规程，小心翼翼清除弹体周围的浮土时，突然"轰"的一声巨响，弹体发生爆炸，他下意识地倒向艾岩一侧。飞来的弹片伴随着强烈的冲击波，把杜富国的防护服炸成了棉花状，杜富国因此失去了双手和双眼。2019 年 7 月 31 日，习近平总书记授予杜富国"排雷英雄战士"荣誉称号。让我们把这首诗送给他——"排雷英雄"杜富国！

是你，把忠诚刻入灵魂，把雷场当作战场，为人民排忧解患。

是你，为战友血染雷场，用行动诠释革命军人的使命与担当。

"你退后，让我来！"

六个字铮铮铁骨，铁骨铮铮！

你是"有灵魂、有本事、有血性、有品德"的新时代杰出战士，

是新时代中国青年的旗帜和脊梁。

我们敬你，"排雷英雄"杜富国！

2. "举重冠军"刘春红

学生讲述：刘春红，1985 年 1 月 29 日出生于中国山东省烟台，前中国女子举重队队员。2002 年入选国家队。2002 年 10 月 6 日，在釜山亚运会以 262.5 公斤的总成绩夺得该级别冠军；2004 年，雅典奥运会女子 69 公斤级举重决赛中，以总成绩 275 公斤夺得冠军；2008 年，以抓举 128 公斤、挺举 158 公斤和总成绩 286 公斤的优势获女子 69 公斤级冠军。成绩的背后，刘春红付出了常人难以想象的艰辛和努力。让我们把这首诗送给她——"举重英雄"刘春红！

是你，在雅典奥运会上，打败整个世界的对手，为中国赢得含金量更高的金牌。

是你，在北京奥运会上，再一次捍卫了中国举重队不败的神话。

是你，五破世界纪录，在奥运赛场挥斥方遒，向世界展示中国力量。

练习，练习，再练习！

挺住，挺住，再挺住！

千锤百炼成就赛场英雄，

百转千回依旧女儿模样。

我们爱你——"举重冠军"刘春红！

3. "航天青年"张舒

学生讲述：张舒是中国航天一院一位系统主任设计师，他和团队负责的控制系统软件，要帮助运载火箭规划出到达目标轨道的最佳航迹，还要在火箭发射后时时感知火箭的飞行状态、所处位置和航迹信息，控制伺服、喷管等设备，帮助运载火箭完成送星入轨使命。在张舒看来，祖国的航天事业从来都没有平坦大道，成败荣辱一瞬间，因此，严慎细实、如履薄冰，是航天人刻在骨子里的文化传承。让我们把这首诗送给她——"航天青年"张舒！

是你，将青春献给中国航天，无怨无悔！

是你，为中国航天挑起大梁，日月同辉！

是你，为运载火箭"指引方向"，实现中华民族千年的飞天梦想！

补天的女娲，逐日的夸父，广寒宫里的嫦娥，

都向你投来赞许的目光。

我们仰望你——"航天青年"张舒！

4. 我身边的优秀青年

在我们身边，有哪些优秀青年呢？

将来，你准备做一个怎样的青年？说说自己的奋斗目标。

小结：同学们，中国青年是中国最有力量的、最具活力的奋斗者、创造者、开拓者，让我们努力学习，积极工作，向"中国共产主义青年团"靠拢，成为党有力的助手和后备军。中国青年，顶天立地当自强，未来中国，要靠你们挑大梁。（板书：当自强 挑大梁）

板书：

**中国青年**

当自强　挑大梁

# 保持微笑　世界美妙

5月8日　世界微笑日

【教学目标】

1. 了解"世界微笑日"的由来，知道微笑的好处。

2. 学会微笑，保持愉快积极的心理。

3. 从故事中得到启发，困境之下保持微笑，是强者的表现。

【适用年级】小学高年级，初中

【教学准备】"我身边的'微笑大使'"调查；制作课件

【教学过程】

课前播放歌曲《早上好》。

**环节一：微笑，人类最美的表情**

1. 节日的由来

人间五月天，夏花正绵延。5月，我们迎来了一个绚烂的节日——世界微笑日。世界微笑日又称国际微笑日，是唯一一个庆祝人类行为表情的节日。1948年，国际红十字会规定将国际红十字会创始人亨利·杜南的生日5月8日定为"世界红十字日"。同年，世界精神卫生组织把这一天定为"世界微笑日"，希望通过微笑促进人类健康，传递愉悦与友善，促进社会和谐。

2. 微笑的好处

第一小队重点研究了微笑对身体的好处，请他们来介绍：

**微笑对身体的七大好处**

（1）增强免疫力。微笑可以让免疫系统更好地工作，微笑可以预防流感和伤风。

（2）减轻压力和痛苦。当你微笑的时候，血压将显著降低，笑声能使人卸去多余的压力，保护血管内壁，从而减轻心脏病发作的概率。当人哈哈大笑时，需要调动身体内超过400块肌肉，因而还能有效消耗热量。微笑时，大脑还会分泌脑内啡，再由脊柱将愉悦感的讯息传导到全身各处，这种神经传导化学物质能减轻身心方面的痛苦症状。

（3）减少癌细胞。正常人体内每天都会产生一定数量的癌细胞，所幸我们体内的自然杀伤细胞正是癌细胞的天敌，这种免疫杀手能够摧毁肿瘤细胞。

（4）预防疾病。每天保持20分钟的微笑或大笑，能有效预防疾病，不会得偏头痛、背痛，能增加消化道和呼吸道的功能，治疗关节炎等。

（5）增强消化功能。笑能增强消化功能，增多消化液分泌，排除肠道内气体，治疗腹胀。

（6）治疗疾病。笑有提肛缩肾之感，防止静脉淤血，锻炼肛周围的肌肉，治疗痔疮、便秘等疾病。

（7）促进血液循环。笑呈腹式呼吸，增加血液含氧量，改善血液循环，血流畅快，消除体内的毒素。

小结：微笑能让我们拥有健康的身体。（板书：拥有健康）

微笑还有什么好处呢？请同学们结合生活体验谈谈自己的看法。如：

——真诚的微笑，能立即接通他人友善的感情。

——当我们微笑时，我们把两颊肌肉朝后槽牙拉，缩小口腔空间，这时声音听起来更礼貌、更友好。

——爱笑的人更具有亲和力，运气永远都不会太差。

——微笑是一种世界通用语言，不用翻译，就能打动人们的心弦。

……

**环节二：让自己保持微笑**

微笑不管是对自己的身体，还是对良好人际关系的建立、建设和谐社会，都有极大的促进作用。如何让自己变得快乐起来，始终保持微笑呢？第二小队将用小情景剧的方式来展示。

1. 微笑情景剧

> 情境一：小红每天早晨起床，刷牙洗脸结束后，都会对着镜子给自己一个灿烂的微笑。
>
> 情境二：上学路上，小明总能微笑着热情地和老师、同学打招呼，课间同学们都喜欢和他玩。
>
> 情境三：小刚喜欢听相声看喜剧片，他能模仿着给同学表演，经常逗得大家哈哈大笑。

从他们的表演中，你学到了哪些让自己保持微笑的方法？

小结：微笑能治愈受伤的心灵。（板书：治愈心灵）"笑一笑，十年少，愁一愁，白了头。"常怀欢喜心，一笑解千忧。懂得微笑，就懂得了如何去生活。纵有三千烦恼，不如拈花一笑。请同学们结合自己的经验说说，还有哪些让自己保持微笑的方法？如：

——和豁达乐观的人交朋友。

——听一些美好、快乐的音乐、歌曲。

——换位思考，不斤斤计较，学会自己安慰自己。

2. 名篇阅读《番茄太阳》

读后讨论：明明的眼睛失明了，他们一家靠卖水果为生，生活非常艰难，父母攒了钱还要给孩子看病。但文中却多处写到了明明的笑，写了她父母的笑。从他们的"笑"中你读出了什么？（乐观豁达、不畏艰难、感恩善良）

小结：作家林清玄说："人生不如意之事十有八九。常想一二，不思八九，事事如意。"一生匆忙，时光不能缓，凡事向前看，我们都要学会调节自己的心境。心有欢喜，就会遇见欢喜；面带微笑，就能迎来微笑。在风雨逆境中还能笑着前行的人，才是真正的强者；在一地鸡毛中笑着努力生活的人，才是人生的赢家。

**环节三："微笑大使"评选**

1. 我身边的"微笑大使"

课前，同学们完成了"我身边的'微笑大使'"推荐表，请先组内交流，再选派代表上台交流。

**我身边的"微笑大使"推荐表**

姓名：_____

职业：_____

推荐理由：_____

_____

如：微笑着送餐的外卖小哥，微笑服务的咖啡店聋哑人。笑容常挂脸上的妈妈，乐观豁达的警察阿姨等。

2. 我们班的"微笑大使"

**我们班的"微笑大使"推荐表**

姓名：_____

职业：_____

推荐理由：_____

_____

小结：你的笑脸，是世上最美的语言，做一个心怀温良、眼里有光、脸上有笑的人吧。保持微笑，社会更和谐，世界更美好！（板书：社会和谐）

3. 布置笑脸墙

将班里每位同学的笑脸照片布置一面"笑脸墙"。

4. 手语齐唱《你笑起来真好看》

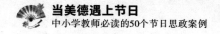
板书：

**保持微笑　世界美妙**

拥有健康　治愈心灵　社会和谐

# 反腐倡廉故事会

5 月 10 日　训廉日

【教学目标】

1. 从古今廉洁故事中，感悟清正廉洁的高尚品质。

2. 从小养成艰苦朴素的生活作风。

3. 从一个个触目惊心的贪污受贿案中，了解法律的铁面无私。

【适用年级】小学高年级，初中

【教学准备】收集廉洁人物故事和贪污受贿案资料；制作课件

【教学过程】

**环节一：说文解字话"廉洁"**

同学们，今天我们来认识两个字，（示古汉字）"廉""洁"这两个字分别是什么意思？

——"廉"字本意厅堂的侧边，后引申为清正、节俭、严于律己。"洁"的本义是指干净、洁净，后来引申为形容人操行清白、志行高洁。不贪财货、两袖清风是廉洁；淡泊名利、立身清白亦是廉洁。

**环节二：中国古代廉洁故事**

清，则百毒不侵；清，则正气充盈。中国历史上众多清官廉吏展现出的正道直行、清正廉洁的高尚情操，跨越历史长河依然闪耀着人性的光辉。

1. 交流廉洁故事

课前，同学们收集了很多廉洁故事，我们来交流一下。如：

**以廉为宝**：春秋时，宋国司城子罕清正廉洁，受人爱戴。有人得到一块宝玉，献给子罕，子罕拒不接受，说："您以宝石为宝，而我以不贪为宝。如果我接受了您的玉，那我们俩就都失去了自己的宝物。倒不如我们各有其宝呢。"

**杨震拒金**：东汉时，杨震在赴任途中经过昌邑时，昌邑县令王密前来拜访他，并怀金10斤相赠。杨震说："故人知君，君不知故人，何也?"王密没听明白杨震的责备之意，说："天黑，无人知晓。"杨震说："天知，神知，你知，我知，何谓无知?"王密这才明白过来，大感惭愧，怏怏而去。

**包拯拒礼赠诗**：相传，北宋包拯60大寿时，拒收一切寿礼，就连宋仁宗送来的寿礼也照样拒收，并在礼盒上回诗："铁面无私丹心忠，做官最怕叨念功。操劳为官分内事，拒礼为开廉洁风。"包拯还警诫子孙：我的后代如果做官贪赃枉法，这个人就不准回到自己家里来，死的时候，也不准葬在宗族的大坟里。

**两袖清风**：明朝有一个著名的清官，名叫于谦。他爱民如子，对那些借着权势欺压百姓的贪官非常痛恨。当时，宫里的总管太监王振依仗着皇帝的宠爱，搜刮民脂民膏，干预朝政，卖官鬻［yù］爵，许多地方官员为了求仕途升迁，纷纷怀揣着金银财宝，跑到京城去给他送礼，一时间朝廷风气十分腐败。

于谦当巡抚的时候，每年都要进京汇报工作，他从不携带任何礼物。他的朋友好心劝他："就算你不愿意送值钱的东西去讨好权贵，也总要准备一些土特产，带来送送人吧？这也是最起码的人情世故。"于谦笑道："我带来啦。"朋友忙问道："你带了什么?"于谦举起双手，一抖袖子："我带了两袖清风。"朋友只得苦笑，但也敬佩于谦的志气。

2. 诵读古诗

于谦年轻时就立下"清正廉明"的志向，我们来读一读他的两首诗：

| 石灰吟 | 入 京 |
|---|---|
| 千锤万凿出深山，<br>烈火焚烧若等闲。<br>粉骨碎身全不怕，<br>要留清白在人间。 | 绢帕蘑菇与线香，<br>本资民用反为殃。<br>清风两袖朝天去，<br>免得闾阎话短长。 |

3. 交流感想

刚才，同学们交流了许多中国古代官员清正廉洁的故事，从中受到了怎样的启发？（为官清廉，不仅能使国家政治清明，更能受到百姓的爱戴，推动社会的良性发展）

友情推荐：中央电视台"百家说故事"栏目，收看更多清廉故事。

**环节三：共产党人的廉洁故事**

"清贫，洁白朴素的生活，正是我们革命者能够战胜许多困难的地方！"这是方志敏同志一生恪守的誓言，也是无数共产党人崇高精神的真实写照。我们来交流他们的故事。

1. 故事交流

**清贫之子方志敏**：方志敏虽曾担任闽浙赣苏维埃政府主席、红十军政委等要职，上马管军，下马管民，经手数百万元款项，从来不挪用一分钱，始终过着艰苦朴素的生活。被捕时，敌人只从他的身上搜出一个怀表和一支自来水笔。在狱中，方志敏写道："为了阶级和民族的解放，为着党的事业的成功，我毫不希罕那华丽的大厦，却宁愿居住在卑陋潮湿的茅棚；不希罕美味的西餐大菜，宁愿吞嚼刺口的苞粟和菜根；不希罕舒服柔软的钢丝床，宁愿睡在猪栏狗窠似的住所！不希罕闲逸，宁愿一天做十六点钟工的劳苦……"

**清廉领袖毛泽东**：新中国建立前夕，主席就告诫过身边的人：我们不做李自成，当年李自成打下北京后，迅速堕落腐化，最后兵败被杀，这一幕将是前车之鉴。毛主席的廉洁是有目共睹的，一双袜子穿3年，一件睡衣穿了20年。他有句箴言："坚持走路，经常吃素，遇事不怒，劳逸适度。"1959年至1961年，新中国遭遇了经济最困难的光景，很多人都吃不饱饭。1960年，毛主席给自己定下了"三不"饮食规矩：不吃肉、不吃蛋、吃粮不超定量。这一年，毛主席连续7个月没有吃一口肉，也曾经连续20多天不吃一粒米。

**孔繁森扶贫济困**：新时期共产党员的楷模孔繁森，更是一位一尘不染两袖清风的好干部。孔繁森把工资中的相当大一部分用于帮助有困难的群众，平时根本就没有攒下几个钱。他给群众买药，扶贫济困时出手大方，少则百十元钱，多则上千元。他因车祸牺牲后，人们在他的遗体上找到的现金只有8元6角，在场的每个人都流了泪。

2. 交流感想

听了共产党人的廉洁故事，同学们又受到了怎样的启发？

小结：一身正气、两袖清风，是共产党人的做人之本；洁身自好、克己奉公，是共产党的从政之基。清清白白做官、干干净净做事、老老实实做人，正因为有了无数清正廉明的好干部，中国共产党才能和14亿中国人团结一条心。

3. 诗歌朗诵

让我们把这首诗送给他们——中国的廉洁之士！

### 廉洁颂

廉洁是一阵风，吹散阴云，留下清凉；廉洁是一场雨，滋润大地，润物无声；廉洁是一棵松，一身傲骨，坚定执着；廉洁是一丛竹，谦虚自律，宁折不弯；廉洁是一朵莲，不随世俗、洁身自爱，出淤泥而不染，濯清涟而不妖。

世人爱"莲"，更爱"廉"。

**环节四：反腐案中说反腐**

1. 为什么要反腐

古今中外，反腐是个永恒的话题。同学们说说，如果做官的贪污受贿，又得不到惩治，会怎么样？

小结：腐败是社会的毒瘤，是经济社会发展、国家长治久安的最大风险。如果不坚决防范和惩治腐败，任凭腐败现象滋生蔓延，最终将导致经济衰退、政治动荡、文化颓废、社会混乱，全面建成小康社会的奋斗目标将无法实现，中华民族伟大复兴的"中国梦"也会落空。

2. 反腐案交流

课前，同学们也收集了许多反腐的案例，来交流一下。如：

**新中国反腐第一案**：1951年，毛泽东亲自批阅的一份死刑报告，引发了新中国第一场肃贪风暴。时任石家庄市委副书记刘青山和天津地委书记张子善因贪污腐败被判处死刑。面对金钱和权力的诱惑，二人一步步走向罪恶的深渊，从昔日的革命功臣沦落为人民罪人。

**小官巨腐案**：2010年至2011年间，安徽一村支书童刚利用职务之便，非法侵吞公共财物，共计872533.6元，是典型的小官巨腐。凤台县人民法院依法作出一审判决，被告人童刚犯贪污罪，判处有期徒刑6年零6个月，并处罚金42万元；犯职务侵占罪，判处有期徒刑7个月，决定执行有期徒刑6年零10个月，并处罚金42万元；违法所得87万余元，予以追缴后上缴国库。

**高官贪污案**：国家发展和改革委员会原党组成员、副主任刘铁男，于2002年至2012年间，利用职务便利谋取利益，收受财物共计价值人民币3558万余元。2014年12月10日，刘铁男受贿一案作出一审判决，以受贿罪判处刘铁男无期徒刑，剥夺政治权利终身。

3. 交流感想

从同学们交流的众多反腐案中，你得到了什么启示？

小结：一失足成千古恨。一个个真实的案件给我们敲响了廉洁自律的警钟。古往今来的贪腐者，其实都不缺钱，缺的是浩然正气，缺的是廉耻之心。他们败就败在不能守住心灵的底线，不能保持清醒的头脑，最终毁了自己，给国家造成了损失，也给家庭带来了悲剧。习近平总书记说："一个人能否廉洁自律，最大的诱惑是自己。"希望同学们从小树立"自重、自省、自警、自律"的意识，长大做对国家有用的人。

板书：

**反腐倡廉故事会**

自重　自省　自警　自律

# 中国制造

5 月 10 日　中国品牌日

【教学目标】

1. 联系生活，了解中国制造的特点和打造优质品牌的意义。

2. 体会中国品牌研发人员的艰辛和深深的爱国情。

3. 激发学生为未来创造更先进、更优质的中国品牌而努力。

【适用年级】小学高年级，初中

【教学准备】学生查阅相关资料；制作课件

【教学过程】

**环节一：我们身边的中国制造**

1. 我知道的品牌

在我们的教室里、校园里、家里，哪些物品属于中国制造？

2. 我们中国有哪些著名的制造品牌？它们各有什么特点？

例：加多宝凉茶。欣赏"中国好声音"的广告片段。

例：蒙牛乳业。说说自己的食用感受。

例：李宁运动品牌。认识体操王子李宁。

例：安踏运动品牌。2022 北京冬奥会，安踏成为官方体育服装赞助商。（欣赏：冬奥服装秀）

**环节二：走向世界的中国制造**

许多中国品牌不仅走向了全中国，还走向了世界。

1. 服装类

听一听：（元宝录音）江苏常熟有一个服装类品牌，远销国外，当地人称它"暖神"，猜猜是什么？（波司登）出示波司登最新销售统计图，谈感想。

讲一讲：波司登的创业故事《从8台缝纫机起家，到畅销全球72国，波司登如何崛起》，谈谈感想。

一个品牌的崛起，需要见识，需要智慧，更需要锲而不舍的创业精神和精益求精、追求卓越的工匠精神。除了波司登，你还知道哪些中国服装品牌世界闻名？（哥弟、太平鸟、红袖等）

2. 电子科技类

中国制造小到服装鞋帽，大到电子科技产品，都影响着世界的进步，接下来请同学们结合自己的了解，谈谈中国科技品牌的发展。

通信设备：华为、小米等

华为：华为在通信领域的业务遍布了全球170多个国家和地区，服务了全世界三分之一以上的人口，在5G的专利数上位居第一。

汽车领域：新能源汽车蔚来、小鹏、比亚迪等，国内供不应求，也受到了许多国家的青睐。你乘坐过这些汽车吗？感受怎么样？

家用电器：海尔、格力

电子商务：联想

3. 交通运输类

中国科技影响着我们的生活，也改变了我们的生活，观看视频《中国高铁》。

中国有句俗话"要致富先修路"，中国高铁已走向世界。中国高铁及相关轨道车等设备走向全球市场，代表着中国制造从服装、电子组装等低端产品走向了高端技术装备。在"一带一路"倡议下，中国高铁凭借性价比高、工期短、适应性强等优势，成功地在海外签订了多份建设合同，还有许多潜在合作项目。

听一听：故事《詹天佑》。说说"中国铁路之父"詹天佑为什么一定要下决心把中国的第一条铁路修好？（板书：爱国心）

为了修好中国的第一条铁路，詹天佑和工程技术人员克服了哪些困难？请同学们结合课前收集的资料进行交流，谈谈感受。

**环节三：为什么一定要打响中国制造**

今天，我们了解了很多中国制造，每一个品牌的设计、研发、推广，都需要花费大量的人力、物力、财力和智力，一个优秀品牌的诞生需要几年甚至几十年锲而不舍的追求才能成功，那我们为什么一定要有自己的制造品牌？

1. 惨痛的历史教训

观看电影《甲午风云》片段。

你知道视频里的船叫什么名字？（示图）当时，致远战舰被称为亚洲第一战舰！但如此厉害的战舰在清朝末年的中日甲午战争中却敌不过日本的吉野舰，全军覆没，为什么？

出示资料："致远舰"是清政府花费84.5万两白银，折合人民币约13亿元，向英国购买的。因为是他国制造，北洋水师没有掌握核心技术，在甲午海战中，操作不熟练，装好了的鱼雷都没有发射出去。由此你有什么感想？

2. 中国海军的创建

新中国成立后，萧劲光担任海军首任司令员，让我们来听听《渔船视察》的故事：

1950年3月17日，人民海军刚刚建立初期，萧劲光作为海军司令前往山东威海考察。去刘公岛需要过海，萧劲光没有船渡海，就向当地渔民租了一条小船。途中，随行的人员都称呼萧劲光为司令，渔民听后十分好奇，开玩笑地说："海军司令还要租我的渔船?"虽然是句玩笑话,但深深地刺激了萧劲光。

讨论:渔民的一句玩笑话为什么会刺激到萧劲光?(萧劲光深刻地认识到当时中国海军的落后,之后的日子里,他将大量的时间和精力投入到中国海军的建设当中去)

3. 实现航母之梦

(1)"辽宁号"的诞生

随着祖国的日益强盛,中国军舰喜报频传,接连出现了许多中国海防制造。(出示图片)其中航空母舰"辽宁号""山东号"、驱逐舰"052d苏州舰"都是中国海防的高端制造。

观看视频《为梦想领跑》。如此雄伟的辽宁号诞生过程却十分不易,来听一听其背后的故事,谈谈体会。

徐增平经过多方打听,得知乌克兰有一艘航母瓦良格号,是苏联时期留下来的,还未完全建好。徐增平对这个"半成品"非常感兴趣,想买回来送给国家,可乌克兰造船厂把价格一涨再涨。为了能顺利买下航母,徐增平四处借钱,最终拿下了这份合同……眼见瓦良格号就要被买回,可是托运的过程出现了问题,经过博斯普鲁斯海峡时被土耳其拦截了。经过多方谈判,土耳其终于答应让航母从博斯普鲁斯海峡经过,但是要求支付巨额扣留费,徐增平东拼西凑,才交齐了所谓的"扣留费",瓦良格号才顺利被运回。经过6年的改造,属于中国的第一艘航母"辽宁号"诞生了!

(2)国产航母"山东舰"

7年后,中国独立自主研发,完全没有依赖进口的首艘国产航母"山东号"正式服役,标志着我国航母力量跨入新篇章!

### 为何命名为"山东舰"

130多年前,也就是1888年12月17日,北洋水师在山东威海刘公岛正式组建,中国走出了近代海军的第一步。但在1894年甲午战争中的黄海大战及随后的威海卫保卫战,北洋水师覆没,成为中国历史的分水岭。将中国首艘国产航母命名为"山东号"，代表着"勿忘国耻，振兴中华"。

从中国航母的制造中，同学们得到了哪些启示？

4. 北斗系统

（示北斗标志）你们认识这个标识吗？（北斗卫星导航系统）

20 世纪后期，中国开始探索适合国情的卫星导航系统，形成了三步走发展战略：2000 年年底，建成北斗一号系统，向国内提供服务；2012 年年底，建成北斗二号系统，向亚太地区提供服务；2020 年建成北斗三号系统，向全球提供服务。

我们的日常生活，哪些和北斗系统有关？（汽车导航、各种定位、搜救）

讨论：中国为什么一定要拥有自己的导航系统？

**环节四：中国制造的未来畅想**

中国制造的创新之路没有尽头，中国制造的发展牢牢握在你们的手里。

1. 中国制造畅想

请以 4 人小组为单位，设计一个未来中国的制造品牌，制作品牌名片，向同学介绍相关品牌的名称、类型、特点、功能等。

2. 宣读倡议书

请班长宣读《中国制造倡议书》。希望同学们长大后为中国制造的自主研发，为提升中国品牌的世界影响力做出贡献，用实际行动回报祖国的恩情。（板书：报国情）

板书设计：

**中国制造**

**爱国心　报国情**

# 请到我的家乡来

5 月 19 日　中国旅游日

【教学目标】

1. 了解家乡物产的特点和故事，培养热爱家乡的朴素感情。

2. 知道每一种物产都来之不易，懂得尊重劳动者，懂得节约和珍惜。

3. 为家乡物产代言，学会向游客介绍我们的家乡。

【适用年级】小学各年级

【教学准备】课前调查、采访；制作课件

【教学过程】

**环节一：物产丰富**

1. 百宝箱，摸一摸，家乡美食惹人爱

（1）出示宝箱，激发兴趣

瞧，今天老师给大家带来了什么？（百宝箱）

里面藏着什么好东西呢？谁来摸一摸？要求用一两句话简单介绍一下这样物品。（鸭血糯、桂花酒、虞山白茶等）

（2）互动交流，拓展认知

我们家乡还有哪些特色美食呢？组内交流。

(3) 小知识竞赛

| 连一连： | 物产 | 产地 | 特点 |

连一连：物产　　产地　　　特点

西瓜　　常熟徐市　　纯天然无公害，甘甜爽口

葡萄　　王庄　　　　皮薄汁多，甘甜爽脆

杨梅　　阳澄湖　　　果实汁多，甜酸适宜

大闸蟹　宝岩　　　　青壳、白肚、金爪、黄毛

---

填一填：江南水乡，水中有8位美丽的仙子，慈姑、荸荠、芡实、莼菜、茭白、水芹，还有两位仙子的名字是？（莲藕和菱）

---

答一答：（示图）这种植物生长在虞山丛林深处，是一种营养价值很高的菌类植物，它叫什么名称？（蕈）补充：常熟人喜欢用蕈来做一种面，叫"蕈油面"，虞山脚下大大小小的面馆有上百家。"蕈油面"已经成为常熟的一张名片。

---

念一念：

常熟是我家，四季瓜果香。

鱼虾满池塘，稻米堆满仓。

大家齐努力，生活奔小康。

2. 小记者，乐分享，家乡物品用处多

除了特色美食，我们家乡还产什么呢？课前，同学们变身小记者，进行了采访，来看看他们发回的报道。播放录像：

**东方红木**：常熟东方红木生产的家具，选用上等的红木原料，做工考究，款式有古典的，也有现代的。最有代表性的是圈椅，手柄上雕刻着精致的花纹。

**隆力奇系列产品**：这是我们家乡常熟出产的隆力奇花露水，具有一定的驱蚊止痒功效，是夏季必备的生活用品。隆力奇家族还有许多兄弟姐妹，隆力奇洗发水、隆力奇护肤品等。

我们家乡还生产哪些生活用品呢？来交流一下。

3. 重创新，强研发，高科技产品本领大

我们家乡出产丰富的特色美食，出产丰富的生活用品，还产什么呢？课前，老师也进行了调查。

**常熟开关**：苏州市百强企业。

**盾构机**：超级巨无霸来了！"盾构机"，用来挖隧道的，人们又叫它"超级穿山甲"，是我们常熟出产的高科技产品呢！盾构机是怎样挖隧道的呢？睁大眼睛看一看吧。

（播放盾构机工作原理动画视频）

这些高科技产品，是家乡人民智慧的结晶。

小结：今天，我们了解了这么多家乡物产，同学们忍不住都要来夸夸家乡了，你想怎么夸？（板书：物产丰富）

**环节二：物美情浓**

我们的家乡常熟不仅物产丰富，许多物产背后还有感人的、有趣的故事呢？请同学们来讲一讲。

1. 叫花鸡的故事

（示图）相传，很早以前，有一个叫花子，沿途讨饭流落到常熟的一个村庄。一天，他得来一只鸡，想煮了吃，可没有炊具，也没有调料。他来到虞山脚下，将鸡去掉内脏，带毛涂上黄泥、柴草，放在火中煨烤。烤熟后，剥去泥壳，露出了又香又嫩的鸡肉，特别好吃。

补充：大约100多年前，常熟县有一家菜馆叫"山景园"（至今还在），那里的厨师根据这个传说，创作出了一道名菜"叫花鸡"。

2. 鸭血糯的故事

（示连环画）传说虞山山顶曾有一条白龙，管理着常熟的风雨。有一年，常熟突然闹起水灾来。小白龙一打听，原来是一条黑龙在兴风作浪。小白龙不愿看着老百姓受罪，立刻飞到山上与黑龙大战起来。两条龙杀得天昏地暗，从山顶一直滚到山脚下。后来，人们把龙滚出来的沟叫作"破龙涧"。黑龙逃跑了，小白龙也受伤了，困在破龙涧里。老百姓见小白龙受伤了，都采了草药给小白龙治伤。药水和血水一起流进稻田里。后来，稻田里竟然长出血红的稻米来，老百姓都叫它"龙血糯"。但古代，皇帝被称为"真龙天子"，所以"龙血糯"又被更名为"鸭血糯"。

听完了鸭血糯的故事，有什么感受？

3. 定胜糕的故事

（示图）唐代，常熟城里的官府规定，市上的糕点要计量，一升箩米做10个，约合一两一个，叫作"定升糕"。到了明朝，打仗的事儿越来越多，百姓自发做了糕点为将士们送行。军士们吃得非常高兴，问百姓叫什么糕，百姓说叫"定胜糕"，意思是"旗开得胜""无往不胜"。

定胜糕还登上《舌尖上的中国3》了呢，我们一起来看一看。

（播放录像）在常熟古里镇，一户农户正在举行上梁仪式。88对定胜糕，66只点有喜庆红色的钳花馒头和一尊标有"上梁大吉"的吉庆糕置于房梁上。上午9时18分，这些象征着吉祥如意的喜庆糕团从空中抛下，当地的父老乡亲在梁下开心地争抢。这是《舌尖上的中国3》中记录的一幕。糕团从天而降，人们争先恐后抢接的并不只是果腹的食物，而是对生活"节节高"、亲人朋友们越来越好的美好祝愿。如今，每逢婚嫁乔迁，当地依然保留着摆、送、吃定胜糕的习俗，表示吉祥喜庆。

小结：小小一块"糕"，传承着历史，传承着家乡的风俗，更表达了人们对美好生活的追求和向往。真是物也美，情也浓。（板书：物美情浓）

**环节三：物力维艰**

1. 看图说话

（示图）这小小的糕是怎样做出来的呢？我们来看一组图。家乡人为什么把这些普通的糕叫作"千人糕"？

2. 诵读儿歌

一块千人糕，看似很平常。

谁先播下种？谁先插下秧？

谁在勤耕耘？谁去收割忙？

谁来碾成米？谁来下厨房？

经过多少手，给我一口香。

3. 拓展交流

同学们想想，还有哪些物品也需要很多人的劳动才能完成？（任何一样物品都来之不易，物力维艰，所以我们要节约、爱惜）

（板书：物力维艰）

**环节四：传承造物**

1. 常熟花边

（示实物）花边，是我们常熟特产的一种手工艺品，老师手里拿的这块是最普通的花边。花边还有很多花形、颜色。下面来看看小记者采访常熟花边传承人谢艳月老师的一段录像：

（播放录像）常熟花边又称常熟雕绣，已有70多年的历史，是我国著名的手工雕绣抽纱制品之一，也是常熟传统的出口手工艺品。一根小小的绣花针，有60多种针法，雕绣出玲珑精巧、素雅大方、花色繁多的手工装饰品。花边大的可以做窗帘、被套，小的可以做杯垫、茶几垫。常熟花边曾荣获国家金质奖，在国际市场上享有盛誉。

政府为什么给谢老师授予"花边传承人"的称号？

小结：谢老师不仅肩负着传承的使命，更肩负着创造的使命。

任何物产都不是一成不变的，我们需要不断地去研究、改进，才能使物产更优、更美，更好地为人们服务。这就叫——传承造物（板书）。

2. 波司登羽绒服

举手统计一下，有多少同学穿过波司登？

波司登羽绒服和普通羽绒服有什么区别？（保暖、时尚、质量好）

观看波司登宣传片。说说波司登为什么能成为世界名牌？

小结：与时俱进的理念、不断创新的实践和团结协作的精神，是波司登羽绒服成为世界名牌的秘密。

**环节五：请到我的家乡来**

1. "我为家乡代言"模拟演练，介绍家乡的物产。

2. 评选最佳"代言人"。

板书：

**请到我的家乡来**

物产丰富　物美情浓　物力维艰　传承造物

# 自信百宝箱

5 月 25 日　心理健康日

【教学目标】

1. 认识自信对人的重要性。

2. 学习变自信的方法，尝试解决实际困惑，提高自信。

【适用年级】初中各年级

【教学准备】自制"百宝箱"；制作课件

【教学过程】

**环节一：寻找自信榜样**

爱默生说"自信是成功的第一秘诀"，罗曼·罗兰说"先相信自己，然后别人才会相信你"，李白说"天生我材必有用"，诸葛亮说"恢宏志士之气，不妄自菲薄"。一个人可以没有金钱，可以没有地位，但决不可失去自信。（板书：相信自己）

在你认识的人当中，你觉得谁很自信？他有哪些自信的表现？（脸上常带微笑，说话声音响亮，走路抬头挺胸，快乐接受任务，与人交流能双眼直视对方等）

看来我们已经从他们身上找到了许多自信的法宝。

**环节二：收获自信法宝**

自信法宝 1——微笑

（示微笑组图）这是被人们一致公认的自信法宝——美丽大方的微笑，有什么相同之处？（露出 8 颗牙齿）我们也来练一练。

笑一笑，十年少。微笑是世界上最美的语言，是自信的第一法宝。

自信法宝 2——抬头挺胸

"走路抬头挺胸"同样可以让自己变得自信。头抬起多少才是最自信的表现呢？（示图）你看懂了什么？（最合适的角度是 45 度，如果抬得太高，会给人傲慢的感觉）指名上台练一练，大家评一评。齐读小诗：

> 无论贫穷还是富有，
>
> 无论貌若天仙，
>
> 还是相貌平平，
>
> 只要昂起头来，
>
> 自信和快乐便会围绕你左右。

抬头挺胸还有利于身体健康，来听一听医学博士的介绍：

（播放录音）抬头挺胸能减轻脊椎的负荷，增强人体的肺活量，从而使我们精力充沛，也显得更有气质。

自信法宝 3——手势

每天早上醒来，对着镜子笑一笑，做一个"加油"的手势。每天晚上睡前，对着镜子笑一笑，给自己一个满意的拥抱。走进校园，翘个大拇指朝向自己，默默地对自己说："我可以的！"比赛时有点紧张，双手握紧拳头，做深呼吸。

现场演练，谈谈感受。

**环节三：培养自信内驱**

刚才我们交流的都是自信的外在表现，要做一个真正自信的人，还需要有强大的内心力量。怎样培养呢？来听几则人物故事。

1. 看到自己的优点，认真做好每件事

小肖同学性格内向，走路总低着头，不爱和同学说话。但是她做事认真，每次作业都得"优秀"，作文常常被老师当作范文在班

113

里朗读，她成了同学们学习的榜样。学习的优秀，让小肖同学找到了属于自己的自信。和小肖相比，小王同学虽然学习也很努力，但成绩总是一般，也没什么特长，但他力气大，爱帮助人，同学们都很喜欢他，都说他是班里的"阳光男孩"。

2. 无论在怎样的境遇里都要自强不息

在日内瓦会议期间（当时新中国成立不久，一穷二白），一个美国记者先是主动和周恩来握手，但没有想到这个记者刚握完手，忽然大声说："我怎么跟中国的好战者握手呢？真不该！真不该！"拿出手帕不停地擦自己刚和周恩来握过的那只手，然后把手帕塞进裤兜。周恩来略略皱了一下眉头，从自己的口袋里也拿出手帕，随意地在手上扫了几下，然后——走到拐角处，把这个手帕扔进了痰盂。他说："这个手帕再也洗不干净了！"

3. 相信自己，用实力说话

小泽征尔是世界著名的交响乐指挥家。在一次世界优秀指挥家大赛的决赛中，他按评委会给的乐谱指挥演奏，敏锐地发现了不和谐的声音。起初，他以为是乐队演奏出了错误，就停下来重新演奏，但还是不对。他觉得是乐谱有问题。这时，评委会的权威人士坚持说乐谱绝对没有问题，是他错了。面对一大批音乐大师和权威人士，他思考再三，最后斩钉截铁地大声说："不！一定是乐谱错了！"话音刚落，评委席上的评委们立即站起来，报以热烈的掌声，祝贺他大赛夺魁。原来，这是评委们精心设计的"圈套"。

**环节四：百宝箱寻宝**

自信还有很多法宝，让我们一起来寻宝吧！从百宝箱里抽出一个"法宝"大声读出来，说说自己是否能做到。

（1）时刻保持自信的姿态，坐如钟，站如松，行如风，把步速加快 25%。

（2）说话时正视他人的眼睛，慢条斯理，不急不躁。

（3）经常说肯定的话，不要小看自己。

（4）坚持体育锻炼，增强体质。

（5）正视自己的弱点，悦纳自己的不完美。（板书：相信自己）

（6）困顿时，想想那些比你更艰难的人。

（7）不小心做了错事，不要过多责怪自己。

（8）乐于接受师长的劝告。

（9）大声朗诵积极进取的诗歌、美文、名言。

（10）读名人传记，知道每个人的成功都来之不易。

（11）大声歌唱，给自己勇气。

（12）遇到困难不轻言放弃，自强不息。（板书：自强不息）

学做手语操《我相信》。

小结：相信自己，悦纳自己，自强不息，超越自我，你会遇到更优秀的自己。（板书：超越自我）


板书：

### 自信百宝箱

相信自己　悦纳自己　自强不息　超越自我

# 吸烟有害健康

5 月 31 日　世界无烟日

【教学目标】

1. 了解烟草的主要成分，知道烟草的"十大害处"。

2. 劝阻家人少吸烟、不吸烟，注意不吸二手烟、三手烟。

3. 调查因吸烟危害健康的数据和案例，做小小宣讲员。

【适用年级】小学各年级

【教学准备】采访、调查分析；制作课件

【教学过程】

**环节一：生活小调查**

1. 我身边的烟民

课前，同学们对"我身边的烟民"进行了调查，下面进行交流。

---

**我身边的"烟民"调查表**

姓名：＿＿＿＿＿＿＿＿＿　　称谓：＿＿＿＿＿＿

工作单位：＿＿＿＿＿＿＿　　每天吸烟量：＿＿＿＿支

第一次吸烟年龄：＿＿＿＿岁　　烟龄：＿＿＿＿年

是否知道吸烟有害健康？＿＿＿＿＿＿＿＿＿＿＿＿＿＿＿＿＿

有没有想过戒烟？＿＿＿＿＿＿＿＿＿＿＿＿＿＿＿＿＿＿＿＿

没有戒烟的原因：＿＿＿＿＿＿＿＿＿＿＿＿＿＿＿＿＿＿＿＿

---

小结：通过调查我们发现，70% 左右的爸爸、爷爷都会吸烟，而且大部分烟民没有彻底戒烟的打算，有些爷爷的烟龄已有四五十

年了，戒烟非常困难。

2. 中国烟民统计

目前，中国吸烟者大约有 3.2 亿，相当于发达国家所有吸烟者的总和，即占世界吸烟总数的三分之一。我们来看一下中国烟民吸烟量统计图，你有什么发现？（72.6%的烟民日吸烟量在 10 根以上，会严重导致身体疾病。）

**环节二：烟草的秘密**

1. 烟草的由来

烟草源于美洲，印第安人发现其中含有可以兴奋神经的物质，在部落会议和祭祀活动中，他们会吸食其燃烧的烟。西班牙殖民者将其带到欧洲，很快，烟草就风靡世界。18 世纪时传入中国。

2. 烟草的自述

烟草里到底藏着怎样的秘密呢？让我们来听听"烟草三大员"的自述（表演小情景剧）：

> **尼古丁**：我是尼古丁小姐，吸烟 20 秒后，我就能到达人体的大脑，刺激大脑中的尼古丁受体，分泌大量多巴胺，这种物质能激活大脑的犒赏机制，让人短时间内缓解焦虑、紧张的情绪，并产生满足感和幸福感。我就是用这样的手段让人产生依赖心理、"吸烟成瘾"的。我不仅长得漂亮，杀伤力也了不得，25 支烟中的尼古丁就可以让一头冲劲十足的公牛死于我的红裙之下。
>
> **一氧化碳**：我，一氧化碳，我能冒充氧气，偷偷搭乘血液循环的列车，当人的大脑细胞需要氧气时，才发现我做了手脚。没有了充足的氧气，人类的大脑将会昏昏沉沉。
>
> **烟焦油**：我是得到师傅真传的烟焦油，我由好几种毒素混合而成。在肺中，我会浓缩成一种黏性物质，阻塞人体的肺泡，阻碍呼吸。

听了"烟草三大员"的自述，同学们知道它们是一群怎样的坏蛋了吗？（尼古丁以自己的"独门绝技"诱惑人们上当，伙同"一氧化碳"和"烟焦油"一起损害人们的健康）

**环节三：烟草的危害**

1. 烟草的十大"危害"

播放科普动画。

| |
|---|
| （1）吸烟会使肺的结构和功能受损，使人的肺活量下降，在全球因吸烟而死亡的人中，75%是死于慢性支气管炎和肺气肿。 |
| （2）吸烟会促进动脉硬化，引起心脑血管病。 |
| （3）导致肺癌（在肺癌病人中，90%的有吸烟史）、口腔癌、咽喉癌、食道癌等恶性肿瘤的诱发因素。 |
| （4）长期吸烟损害人的神经系统，导致大脑结构的改变。 |
| （5）损害人的泌尿、生殖系统，加速遗传基因改变。 |
| （6）使人的嗅觉、味觉器官迟钝，免疫功能下降，易导致胃肠道病变。 |
| （7）加剧皱纹的出现，使人过早衰老，老年痴呆提前发生。 |
| （8）有害口腔健康，危害牙齿，加重视力减退。 |
| （9）吸烟对糖尿病患者危害极大，极易引发严重并发症。 |
| （10）引起骨骼脱钙、变形、变脆，容易发生骨折。 |

以上是卫生组织列出的"烟草的十大危害"，同学们身边的"烟民"是否已经遭受着这样的危害呢？（如有的爷爷得了肺气肿，走一小段路就气喘吁吁；有的爸爸年纪不大，牙齿都黑了，还有口臭；有的邻居因为吸烟导致中风、瘫痪……）

2. 烟草致病率统计

据联合国最新报告，中国每年约有100万人死于吸烟引起的疾病，居世界第一。中国肺癌死亡率增长为世界第一，且以每年4.5%的速度上升，平均每天有3000个中国人因烟草而死，近7.4亿中国人活在烟草的阴影下，其中包括近2亿的孩子。我们来看一组"吸烟"和"不吸烟"导致疾病发生的概率统计图，你发现了什么？（"吸烟"者胃病、肺病、肝病的发病率远远超过不吸烟者）

### 环节四：惨痛的教训

人类为吸烟付出了惨痛的教训，来看两则真实的案例，谈谈你的感想。

> **案例1：《看不到的无形杀手，正在侵蚀全家人的身体》**
>
> 山东胸科医院迎来一位特殊的病人。来自济宁的8岁小女孩佳佳，一个月前突然出现干咳症状，而且总是感到胸闷憋气。有时候，佳佳胸疼得厉害，咳出的痰中还带有血丝。刚开始，家里人没太在意，可一个多月过去，看到女儿越来越难受，父亲便把女儿送往省胸科医院。经检查，医生确诊女孩已经到了肺癌晚期。这么小的孩子怎么会患肺癌呢？原来，女孩的父亲是个大烟鬼，一直烟不离手，让佳佳长期受二手烟的毒害，一步步把孩子逼向深渊。

我们知道，进入肺部直接危害自身健康的是"一手烟"，"二手烟"则是在空气中飘荡被人吸入的燃烟。"二手烟"是7000多种化学物质的复杂混合物，其中含有至少69种已知致癌物，如果每日吸入15分钟二手烟，患肺癌的概率与吸烟者是一样的，这也是女性患肺癌率高的原因。吸烟者的烟味会在房间内扩散，使衣物、墙壁、毛巾等携带烟味，这就是"三手烟"，它会直接危害到在玩耍时无意触摸到家具或墙面的小孩子。

> **案例2：《半小时抽5包烟，为赢比赛丢了命》**
>
> 林杰（化名）20岁出头，闲来无聊便和朋友比赛抽烟。一开始两人还一根一根地抽，到后来为了赢得比赛，林杰甚至5根烟捆绑着一起抽。不到半小时，仅他一人便抽了5包烟。送医时林杰已出现极度呼吸急促，不治身亡。

大量的尼古丁会引起血管收缩、痉挛，短时大量抽烟，会引起心肌梗死，甚至猝死。以上2则案例只是无数烟草致死的个例，烟草是一种慢性毒药，它正侵蚀着人们的健康，也侵蚀着人们的心理。

### 环节五：诚恳的倡议

1. 倡议书

**远离烟草　守护健康**

**同学们：**

　　吸烟有害健康。科学研究表明，每吸一支烟会使生命缩短10分钟。希望同学们高度认识烟草的危害，远离烟草，守护自己的健康。世界卫生组织将5月31日确立为"世界无烟日"，就是希望人们珍惜生命，不要因为一时好奇染上烟草，到老后悔莫及。吸烟是继战争、饥饿、瘟疫之后人类的最大威胁，但这是最可控的威胁。

　　作为祖国未来的建设者和接班人，我们一定要高度认识烟草的危害，远离烟草，拒绝吸烟，培养自己健康的兴趣爱好。我们还要通过各种途径，向身边的"烟民"大力宣传烟草的危害。人的生命只有一次，为了自己和全家人的健康，请远离烟草烟雾，珍惜幸福美好。

×××学校

×年×月×日

2. 做小小宣传员

　　希望同学们积极行动起来，做"远离烟草　守护健康"的小小宣传员。

　　板书：

**吸烟有害健康**

远离烟草　守护健康

# 心有爱　报慈恩

【教学目标】

1. 弘扬中华传统美德，濡染慈孝精髓。

2. 回顾生活中的点点感动，珍藏母爱，用实际行动回报母爱。

【适用年级】各年级

【教学准备】观察采访，收集母亲的爱；制作课件

【教学过程】

课前吟诵古诗《游子吟》。

**环节一：说文解字谈"慈""母"**

1. 说"慈"

出示"慈"的汉字演变过程，仔细观察，发现了什么？

"慈"的中间部分是"丝"，表示柔软，下半部分是心，心肠软如丝就是慈。

2. 谈"母"

出示"母"的汉字演变过程，仔细观察，发现了什么？

"母"的古体字，像妈妈怀里抱着孩子，在给孩子喂奶。上下两点像母亲的乳汁，象征母亲的心血。

**环节二：用心体察说母爱**

1. 母爱分享

母亲是世界上最伟大无私的人，母亲的爱藏在哪里呢？活动

前，老师布置了一项作业，请同学们通过观察、采访家人等方式，去发现、体察母爱。在同学们的日记中，老师挑选了 3 篇有代表性的日记，请 3 位同学上台分享。

---

**日记一则**

昨天我不知道怎么了，肚子又鼓又胀，浑身冒冷汗。妈妈帮我量了一下体温，还好，有一点低烧。妈妈说："应该是食物不消化造成的，暂时不需要吃药，我帮你揉揉肚子。"说着，她捋起袖子，把手用力搓热，涂上按摩油，开始给我揉肚子。妈妈的手暖暖的，肠胃受到刺激开始蠕动起来。揉着揉着，我的肚子舒服了很多。再看看妈妈，额上都冒汗了。一看时间，妈妈给我整整揉了半小时。

**日记二则**

一早，厨房里就响起了交响曲，我知道妈妈又在给我做早餐了。最近我要参加学校舞蹈队的排练，妈妈说营养一定要跟上，不然体力会透支的。当我刷完牙洗完脸时，妈妈已经把早餐端上了桌。鸡蛋、牛奶、小米粥、小牛排，还有一盘热腾腾的青菜。爸爸说，妈妈 5 点 30 分就开始忙碌了。牛排营养好，所以妈妈每天给我煎牛排，可她和爸爸却不吃，因为牛排真的很贵。平时买衣服也是这样，给我买，妈妈毫不犹豫，可她自己买的时候，不是嫌样子不好看就是嫌颜色不合适，现在我知道了，其实是她不舍得啊。

**日记三则**

快要期末考试了，妈妈和我一起把这学期作业、单元测试上的错题进行整理。她把错题一题一题抄下来，然后给我重做。有时我心里觉得很烦，不想做了，但看妈妈整理得那么认真，也不好意思开口。今天成绩出来，我得了优秀，我激动地把试卷给妈妈看。她高兴地说："真是梅花香自苦寒来啊，这是对你复习阶段刻苦努力的最嘉奖赏。"其实我知道，其中有一半是妈妈的功劳，她却只字不提。

---

母爱是世界上最伟大、无私的爱。同学们，你发现的"母爱"藏在哪里呢？也来分享一下吧。

2. 齐唱歌曲

### 母　亲

你入学的新书包，有人给你拿；

你雨中的花折伞，有人给你打；

你爱吃的（那）三鲜馅，有人（她）给你包；

你委屈的泪花，有人给你擦……

啊，这个人就是娘，啊，这个人就是妈！

这个人给了我生命，给我一个家；

啊，不管你走多远，不论你在干啥，

到什么时候也离不开咱的妈！

**环节三：反躬自省话感恩**

1. 生活情境再现

感恩母亲，是她给了我宝贵的生命；感恩母亲，是她守护我幸福成长。我们都知道母亲爱我们，但生活中我们却常常会惹她生气，让她担心，现在回忆起来，觉得很是惭愧。你和母亲之间有过这样的经历吗？（学生交流）

让我们进入"生活情境再现"：

情境一：母亲准备好了早餐，孩子赖床不起，结果早餐没吃就上学了。

情境二：做作业时，母亲反复叮嘱认真点，孩子显得很不耐烦，说"烦死了"。

情境三：母亲大包小包拎得很吃力，孩子却视若无睹。

以后再发生这样的事，你会怎么做怎么说呢？让我们来个"情境大转移"。

采访不同情境的不同心理感受。

2. 动画视频激情

播放动画沙画视频《母亲》，深情描述：母亲十月怀胎，生下我们，分娩的痛苦，我们无法体会。母亲欢天喜地迎接我们的到来，却背负起了一个更大的责任——抚养和教育。从我牙牙学语的那一刻，从我蹒跚学步的那一刻，从我上学读书的那一刻……点点滴滴都浸透着母亲的爱与辛劳。妈妈，我一直觉得您为我做的一切是理所应该，我总是向您索取却不曾说谢谢，直到今天，我才开始走近您，懂得您。妈妈，让我牵起您的手，慢慢地陪着您走，就像小时候您牵着我的手一样，我愿用我一切，换您岁月留长。

3. 写感恩卡

请同学们提起笔，把你对母亲的感恩、感谢、愧疚写下来，今天晚上悄悄放在母亲的床头。（板书：感恩）

上台交流"感恩卡"。

---

**感恩卡**

亲爱的妈妈：

　　您好！今天是母亲节，在这个特殊的节日里，我想对您说……

永远爱您的孩子×××
×年×月×日

---

4. 学做手语操《感恩的心》

**环节四：孝亲故事启示录**

1. 名人故事

关于孝敬母亲的故事，中国古有24孝，如《卧冰求鲤》《黄香温席》《戏彩娱亲》《百里负米》等；现代许多名人也都是孝亲敬长的典范。请同学们结合课前收集的资料进行交流。例：

**鹿乳奉亲**：郯子，春秋时期人。父母年老，患眼疾，需饮鹿乳疗治。他便披鹿皮进入深山，钻进鹿群中，挤取鹿乳，供奉双亲。一次取乳时，看见猎人正要射杀一只麂鹿，郯子急忙掀起鹿皮现身走出，将挤取鹿乳为双亲医病的实情告知猎人。猎人敬他孝顺，以鹿乳相赠，护他出山。

**亲尝汤药**：刘邦的三儿子刘恒，是个有名的大孝子。有一次，他的母亲患了重病，一病就是三年，卧床不起。刘恒亲自为母亲煎药汤，并且日夜守护在母亲的床前。每次看到母亲睡了，才趴在母亲床边睡一会儿。后来刘恒继位，他在位24年，重德治，兴礼仪，注意发展农业，使西汉社会稳定，人丁兴旺，经济发展。他与汉景帝的统治时期被誉为"文景之治"。

**陈毅探母**：1962年，陈毅任中国外交部长。一次，他率团从国外访问回来，路过家乡，决定抽出时间去探望病重的母亲。陈毅的母亲瘫痪在床，生活不能自理。她见儿子来探望，非常高兴，正要和儿子打招呼，想起换下来的尿湿的裤子还放在床边，赶紧示意身边人藏到床底下。陈毅问母亲："娘，我进来的时候，你们把什么东西藏在床下了？"母亲看瞒不过去，只好说出了真情。陈毅听了说："娘，您久病卧床，我不能在您身边侍候，心里非常难过，这裤由我去洗吧。"母亲硬拦住，不肯让他洗，并说："你是国家干部，做大事的，又打老远回来，快歇歇吧。和妈妈聊聊。"陈毅说："我小的时候，您不知为我洗过多少条尿裤子。今天，我就是洗上10条裤子，也报答不了您的养育之恩呀！"

2. 畅谈体会

从以上孝亲敬长的故事中，你得到了怎样的启发？

以后你的母亲老了，你会怎样对待她？

3. 小结

高尔基说："世界上的一切光荣和骄傲，都来自母亲。"母亲的怀抱是世界上最安全温暖的港湾，母亲的笑靥是世界上最灿烂明媚的花朵，只要有母亲在的地方，永远是春天。谁言寸草心，报得三春晖。今天是母亲节，让我们对全天下所有的母亲说一声："妈妈，您辛苦了。妈妈，我永远爱您！"让我们用实际行动去报答母亲的养育之恩，让母亲因为有"我"这样孝顺的孩子成为世界上最幸福的那一个。(板书：报答)

板书：

**心有爱　报慈恩**

感恩　报答

# 折翼的天使

5月的第三个星期日　全国助残日

【教学目标】

1. 了解残疾人在生活、工作等各方面会遇到的难处。

2. 尊重、关心残疾人，主动帮助他们，学习他们身残志坚的精神。

【适用年级】各年级

【教学准备】课前调查、小组合作探究；制作课件

【教学过程】

**环节一：游戏体验，想想他们的难处**

1. 游戏体验——"系红领巾"

（1）练习双手系红领巾，计时。

（2）练习单手系红领巾，计时。

（3）分享单手系红领巾体验：一个字——难！

2. 游戏体验——"回到原位"

（1）给体验者戴上眼罩，扶他离开座位到讲台，然后独自回到原位。

（2）分享体验：心里恐惧，怕撞怕摔，怕别人笑话，难！

3. 假想体验——"假如"

（1）假如，你的双手都无法动弹，你会？

（2）假如，你的双腿无法走路，你会？

（3）假如，你的眼睛永远看不到光明，你会？

示图：这是法国画家米莱的世界名画《盲女》，春天的景色多么美好，可在她们的世界里除了黑暗还是黑暗……

（4）假如，你又聋又盲又哑，你会？

4. 故事体验——《痛苦的海伦》

（示图）我们说的都是"假如"，可海伦·凯勒就是这样一位又聋、又盲、又哑的残疾人，她写过一本书《假如给我三天光明》。让我们来听一听她的心声：

示资料：1880 年，海伦·凯勒出生在美国。不幸的小海伦，在生了一场重病之后，双目失明，双耳失聪。天哪，谁能想到，当时她才是一个一岁半的娃娃呀！从此，小海伦与有声有色的世界隔绝了。她面对着的是无边无际的黑暗和死一般的沉寂。她不能喊一声"妈妈"，也不能倾诉心中的希望和要求。她变得暴躁起来，脾气越来越坏。

如果你是海伦，会怎样？

她的内心该是多么痛苦啊！不仅她，她的整个家庭都因此陷入困境！

**环节二：换位思考，给予他们尊重和帮助**

1. 中国现状

残疾人包括视力残疾、听力残疾、言语残疾、肢体残疾、智力残疾、精神残疾和多重残疾的人，我国现有残疾人总数已超过 8500万。他们是一群折翼的天使，面对不幸的他们，我们该如何对待他们呢？

小结：理解，是一种感同身受的悲悯；尊重，是一种与人为善的呵护；关心，是一种传递爱心的抚慰；帮助，是一种真心诚意的付出。（板书：理解、尊重、关心、帮助）

2. 林林的信

老师这儿有一封残疾孩子的信，我们一起来听一听。（播放录音）

同学们：

　　你们好，我叫林林。因为一次不幸的车祸，我的腿受伤了，从此走路一瘸一拐，很难看。平时我很少出门，怕别人笑话我，怕别人在我的身后指指点点。我不敢和同学们一起玩，走不快，更跳不起来，只能远远地看着他们，一个人暗暗伤心。好在，我可以看书，书是我最好的朋友。我还喜欢下棋，中国象棋、国际象棋、斗兽棋、飞行棋都会下，每天爸爸都要陪我战上一两个小时。

　　明天我就要到新学校上学了，多么期待啊，期待能和同学们一起学习，交更多的朋友。但我也非常担心，担心学习跟不上，担心大家瞧不起我，担心……

林林
×年×月×日

讨论：假如林林来到我们班，我们应该怎样对待他？

模拟演练：教师及时引导，如不歧视、不嘲笑、主动帮助、和他下棋，和他聊感兴趣的话题，在学习、生活上热心帮助等。

温馨提示：残疾人有自己的人格尊严，他们需要的不是怜悯，不是施舍，而是尊重和支持。帮助别人应该给人以心灵的温暖，但如果不顾及对方的感受，帮助或许同样会造成伤害。

3. 法律保障

残疾人和我们一样，都是社会的一分子，《中华人民共和国残疾人保障法》规定（示图文）：

残疾人的公民权利和人格尊严受法律保护。禁止基于残疾的歧视；禁止侮辱、侵害残疾人；全社会应当发扬人道主义精神，理解、尊重、关心、帮助残疾人。

**环节三：折翼英雄，谱写生命的壮歌**

1. 知识问答

关爱残疾人，不仅是每个公民的责任，更是全社会的义务。中国、全世界不仅有专门的残疾人联合会，还有许多相关的节日和活动。

---

（1）下面哪个图标是中国残疾人联合会的标志？（第一个）

中国残疾人联合会　　中国红十字会　　中国志愿者协会

（2）2022 北京冬季残奥会是第几届？（第 13 届）

（3）现任（2022 年）中国残联主席是谁？（张海迪）

（4）每年 5 月的第 3 个星期日，是什么日？（中国助残日）

---

补充：12 月 3 日"国际残疾人日"，10 月 15 日"国际盲人节"，每年 9 月的最后一个星期日是"国际聋人节"，这些节日都体现了社会对残疾人的关爱。

2. 折翼英雄

或许，在我们眼里，他们是残疾人，是生活的弱者。然而，你可知道，他们中的大多数人，都克服了常人难以想象的困难，自食其力。更有许多人，用钢铁般的意志和命运较量，战胜自我，战胜病魔，谱写了生命的壮歌。请同学们讲讲他们的故事。（示图）

**海伦·凯勒**：美国作家，教育家。9 个月大的小海伦因突发疾病猩红热丧失了视觉和听觉。在莎莉文老师的精心指导下，她学会了摸读盲文，学会了阅读、书写和算术，学会了用手指说话。1900年，海伦考上大学，后毕业于哈佛大学。大学毕业后，她把自己全部的爱都倾注在残疾人身上。1964 年，海伦被授予美国公民最高荣誉——总统自由勋章，被美国《时代周刊》评选为20世纪美国十大英雄偶像之一。

**贝多芬**：德国作曲家。1796年，贝多芬26岁时，感觉听觉下降；31岁时，得知自己的耳疾无法治愈；48岁，耳朵全聋。在贝多芬一生的最后10年中（1818~1827年），在完全失去听力的情况下，仍坚持创作，主要作品有9部交响曲，如《命运交响曲》。他说："我要扼住命运的咽喉，它决不能使我完全屈服。"

**霍金**：英国剑桥大学著名物理学家。21岁时诊断患有会使肌肉萎缩的卢伽雷氏症。后全身瘫痪，不能言语，全身只有三根手指可以活动。1973年，31岁的霍金发现了黑洞的蒸发性，推论出黑洞的大爆炸，建立了非常美的科学模型，被誉为"宇宙之王"。

**张海迪**：现任中国残联主席。5岁时因患脊髓血管瘤导致高位截瘫。她无法上学，在家中自学完成了中学课程。15岁时，随父母到山东聊城农村，给当地孩子当起了老师。她还自学针灸，无偿为乡亲们治疗。张海迪虽然没有机会走进校园，却发奋学习，自学了大学英语、日语、德语等，并攻读了大学和硕士研究生课程。1983年，她开始从事文学创作，先后翻译了数十万字的英语小说，编著了《生命的追问》《轮椅上的梦》等书籍。

**邰丽华**：中国残疾人艺术团团长、舞蹈演员、艺术总监。2004年在雅典残奥会上领舞《千手观音》震撼世界，2005年登上央视春晚。她创编并主演的精缩舞剧《化蝶》被称为"全球六亿残疾人的形象大使"。（播放舞蹈片段）

小结：他们是折翼的天使，更是生命是英雄，让我们走近他们，走进他们的灵魂，从他们的故事中汲取力量，谱写属于自己的生命壮歌。

**环节四：落实行动，为我身边的折翼天使**

1. 帮助身边的残疾人

调查汇报：结合"我身边的残疾人"调查表，请同学们说说自己身边的残疾人情况，如身体状况、性格爱好、家庭情况等，了解他们的难处和需要的帮助。说说帮助他们的具体做法和体会。

2. 捎去礼物和祝福

如果你去看望他（她），请把这首诗"诵"给他（她）：

听，绿水在歌唱，歌唱不畏风雨的雄鹰；

听，青山在祝福，祝福主宰命运的精灵；

听，岁月在颂扬，颂扬惊天地泣鬼神的涅槃重生。

天灾无益，人祸无情，

在你的面前抹去了日月的光明，

在你的耳边夺去了风雨的召唤，

在你的手足间横下了举步维艰的辛酸。

曾经痛苦，曾经悲鸣，

曾经彷徨，曾经绝望，

可曾经，不是你生命长河的所有。

抽出心底的长剑，

勇敢地向命运发出挑战，

你是折翼的天使，

你是无畏的英雄！

板书：

### 折翼的天使
理解　尊重　关心　帮助

# 快乐的"六一"

6月1日　国际儿童节

【教学目标】

1. 在庆"六一"表彰和联欢活动中，感受童年的烂漫和欢乐。

2. 知道"六一"的来历，珍惜幸福生活。

【适用年级】小学各年级

【教学准备】了解"六一"的由来；制作课件

【教学过程】

弹去5月的风尘，迎来6月的阳光，我们的心儿像怒放的花朵，荡起一片欢乐的海洋。6月是蒲公英飘下的季节，6月是青苹果诱人的季节，6月是石榴花点燃的季节，6月是歌声飞扬的季节，6月是孩子们茁壮成长的季节。今天是6月1日，我们迎来了属于自己的节日——"六一"国际儿童节。和百灵鸟一起欢唱，和花草树木一起舞蹈。我宣布，庆"六一"表彰、联欢活动现在开始！让我们尽情享受这欢乐的美好时光。（板书：尽享欢乐）

**环节一："六一"表彰会**

表彰班级"文明星""健美星""勤学星""艺术星""进步星"。

注：为每个被表彰的孩子送上一段颁奖词。

**环节二："六一"乐翻天**

以"击鼓传花"的方式表演节目，可以唱歌、跳舞、说相声、讲笑话、表演魔术，也可以组织大家玩有趣的游戏，给大伙猜谜语，只要积极健康的都行。所需道具、音乐等要提前准备好。节目参考：

1. 相声《吹牛》

甲：我们家是吹牛世家。

乙：我们家还是吹牛专业户呢！

甲：我们家吹牛不纳税。

乙：我们家吹牛还不交钱呢！

甲：不是吹，我一出生就会上厕所。

乙：爬着去？

甲：谁刚生下来就会爬呀？

乙：那怎么去？

甲：床就当厕所了呗。

乙：这叫尿床！

甲：我3个月就会跑。

乙：那准是个怪胎！

甲：3个月我妈就上班了，我只好奶奶家、姥姥家两头跑。

乙：就这么跑呀。

甲：要说吹牛，我可是没人能比。

乙：我不信，你敢不敢在这儿比一比？

甲：在这吹？没问题。

乙：要说这饭量大，我一顿饭能吃5碗面条。

甲：我一顿饭能吃8斤水饺！

乙：哎呀，我发烧了。

甲：昨天晚上我也发高烧啦！

乙：我高烧67度。

甲：我高烧94度。

乙：你也不怕烧死啊！

甲：晚上睡觉我手里攥着一把玉米，第二天一看，全成爆米花了。

乙：晚上睡觉我盖着一床被子，第二天一看，被子烧了个大窟窿。

甲：我比楼高！

乙：我头顶天，脚踏地，伸手能抓大飞机！

甲：我上嘴唇顶着天，下嘴唇顶着地。

乙：那你的脸呢？

甲：吹牛的人不要脸了！

乙：哎！——

2. 歌曲

《六月里花儿香》《让我们荡起双桨》《青春纪念册》
《阳光总在风雨后》《少年》《红领巾飘起来》

3. 诗朗诵《七律·儿童节的公园》

百花开放笑声甜，拂面浓馥六月天。

对对白鸭游碧水，双双木桨荡画船。

嫦娥羡慕儿童节，织女思凡懒做仙。

敢问瑶台谁是主？新蕾初绽正童年。

4. 游戏

（1）"抢凳子"

将 n 张凳子围成一个圆形；"n+1"位参加人员在凳子外围围成一圈；裁判员放音乐时，参加人员沿着圆形顺时针跑动；当音乐停，大家要抢凳子坐下，没有抢到凳子的淘汰。

（2）"蒙人打鼓"

准备一个鼓，几个眼罩。蒙着眼睛从起点走到大鼓前，1分钟内，用锤子敲鼓3下，就是获得胜利。

（3）"赶小猪"

准备自制高尔夫球棍，4 个小皮球，两个拱门。2 人各拿一条棍子，互相交替赶小猪向前走，以最快穿过拱门的那一组为胜。

**环节三："六一"的由来**

同学们是否知道，"六一"节是怎么来的？

1. 学生讲故事

国际儿童节的设立，和发生在二战期间的一次屠杀——利迪策惨案有关。1942 年 6 月 10 日，德国法西斯枪杀了捷克利迪策村 16 岁以上的男性公民 140 余人和全部婴儿，并把妇女和 90 名儿童押往集中营。村里的房舍、建筑物均被烧毁，好端端的一个村庄就这样被德国法西斯给毁了。

2. 教师补充介绍

（示图）第二次世界大战结束后，世界各地经济萧条，成千上万的工人失业，过着饥寒交迫的生活。儿童的处境更糟，有的得了传染病，一批批地死去；有的则被迫当童工，受尽折磨，生活和生命得不到保障。为了悼念利迪策惨案和全世界所有在战争中死难的儿童，反对虐杀和毒害儿童，保障儿童权利，1949 年 11 月，国际民主妇女联合会在莫斯科举行理事会议，决定以每年的 6 月 1 日为国际儿童节。世界上许多国家都将 6 月 1 日定为儿童的节日。

3. 谈感想

了解了"六一"的由来，同学们有什么想说的吗？

小结：是啊，今天的少年儿童都是生活在蜜罐里的宝贝，但这样的幸福来之不易，我们要懂得珍惜，让这样的幸福持久而美好！

（板书：珍惜幸福）

板书：

**快乐的"六一"**

**尽享欢乐　珍惜幸福**

# 垃圾分一分  城市美十分

6 月 5 日  世界环境日

【教学目标】

1. 了解垃圾分类知识，学会正确分类。

2. 增强环保意识，自觉垃圾分类，自觉保护环境。

3. 学习变废为宝的方法，做创意小达人。

【适用年级】小学中、高年级

【教学准备】准备 4 个垃圾筒；制作课件

【教学过程】

课前欣赏家乡美景。

**环节一：垃圾分类我能行**

1. 说出它们的名字

示图：可回收垃圾、厨余垃圾、有害垃圾、其他垃圾。

2. 制作垃圾"身份证"

| **姓名：可回收垃圾**<br>**收集品种**：废纸、塑料、玻璃、金属和布料五大类。<br>**处理方法**：综合处理回收利用，可以减少污染，节省资源。 | **姓名：厨余垃圾**<br>**收集品种**：剩菜剩饭、骨头、菜根菜叶、果皮等食品类废物。<br>**处理方法**：经生物技术就地处理堆肥，每吨可生产 0.6 ~ 0.7 吨有机肥料。 |
| --- | --- |

续表

| 姓名：**有害垃圾** | 姓名：**其他垃圾** |
|---|---|
| **收集品种**：电池、荧光灯管、灯泡、水银温度计、油漆桶、部分家电、过期药品及其容器、过期化妆品等。<br>**处理方法**：这些垃圾一般使用单独回收或填埋处理。 | **收集品种**：砖瓦陶瓷、渣土、卫生间废纸、纸巾等难以回收的废弃物及尘土、食品袋（盒）。<br>**处理方法**：采取卫生填埋可有效减少对地下水、地表水、土壤及空气的污染。 |

学生结合课前制作的垃圾"身份证"，进行展示。

3. 诵读儿歌

红灰蓝绿四个家，垃圾宝宝各回家。

剩菜剩饭瓜果皮，易腐垃圾放绿桶。

玻璃金属废塑料，废纸废布放蓝桶。

电池药品杀虫剂，日化用品放红桶。

尿片渣土和烟蒂，其他垃圾放灰桶。

争做环保小卫士，垃圾分类要记牢！

**环节二：垃圾分类我先行**

1. "灰其其"的调查

算一算：

（1）一个班级每天产生废纸约 0.5 千克，全校 30 个班，以 180 天计算，一年全校会产生多少千克废纸？

（2）一个家庭每天产生 2 千克左右厨余垃圾，一个小区 500 户人家，一年以 365 天计算，这个小区一年的厨余垃圾约多少千克？

说一说：

通过计算，你发现了什么？（垃圾产生量巨大，如果不分类处理，会造成垃圾无处堆放，造成资源严重浪费）

2. "红危危"的自述

情境表演：如果乱扔有害垃圾，会产生怎样的后果呢？有请"红危危"小队为大家表演情景剧《一节废电池的旅行》。

附剧本：

一节废电池被扔进了草丛里。它和小草交朋友，可小草们都渐渐黄了、死了。它发现自己身体里总有一些黏黏的液体流出来，心里很难过。

它被小猫踢到小河里，和小鱼交朋友，可慢慢地，小鱼也生病了，河水苦苦的，没有了甘甜的味道。再看看水中的自己，身上长满了疙瘩，又黑又稠。这时它才恍然大悟，自己的身上有毒，是自己引起周围朋友生病的。它懊悔不已。它被冲到小河岸边，被一个叔叔捡起，叔叔告诉女儿："这是有害垃圾，回收处理可以提炼有用的化学品，如镍、锰……"

废电池又开始了新的生命旅程了。

谈感想：看了"红危危"小队的表演，你有什么启示？除了废电池，其他有害垃圾会造成什么危害？

资料补充：一枚纽扣电池能污染 60 万立方米的水，相当于一个人一生的用水量。一节 5 号电池会使 1 立方米的土地失去种植价值。一只普通节能灯约含有 0.5 毫克汞，1 毫克汞渗入地下，就会造成 360 吨的水污染。汞也会以蒸气的形式进入大气，一旦空气中的汞含量超标，会对人体造成危害。水俣病就是慢性汞中毒最典型的公害病之一。

3. "绿厨厨"的倡议

地球资源储备：地球上的资源已非常有限，而且许多资源不可再生，来看一组数据，谈谈体会：

至 2010 年，地球上已探明的储量石油 1 万亿桶，可供使用 45~50 年；天然气 120 万亿立方米，可供使用 50~60 年；煤炭 1 万亿吨，可供使用 200~220 年。全球已探明的主要金属与非金属矿产资源储量为 1450 亿吨，其中，铝可供使用 222 年、铜 33 年、铅 18 年、汞 43 年、镍 51 年、锌 20 年、铁矿石 161 年。

如果不合理、节约利用资源，人类的未来将如何生活？

宣读倡议书：

---

**倡议书**

亲爱的同学们：

但丁说过："世界上没有垃圾，只有放错的宝藏。"近年来，随着我国人口的增加和经济的快速发展，生活垃圾数量也日渐攀升，"垃圾围城""垃圾污染"已经成了突出的社会问题。随着科技的发展，这些令人讨厌的垃圾经过合理的分类、回收、再生却能变废为宝。

在生活中，我们要坚持垃圾分类、低碳出行，拒绝使用一次性物品，如一次性筷子、一次性牙刷等，这些一次性物品会造成资源的严重浪费。到饭店吃饭，不要摆阔气，适量点餐，吃不了的食物进行打包是光荣的行为。

让我们从自身做起，做垃圾分类的宣传员，做节约资源的小卫士。

××学校

×年×月×日

---

评比"光盘侠"：自从学校发出"节约粮食"的号召以来，同学们吃饭浪费的现象已经有了明显改善，请同学们推选 5 位"光盘侠"，学校将进行表彰。

4."蓝宝宝"的妙招

节约小妙招

（1）减少产生。节约使用物品，不用一次性物品。

（2）回收利用。补充资料：

回收 1 吨废纸——可造好纸 850 公斤

节省木材 300 公斤——比等量生产减少污染 74%

回收 1 吨塑料饮料瓶——可获得 0.7 吨二级原料

回收 1 吨废钢铁——可炼好钢 0.9 吨，比用矿石冶炼节约成本

47%，减少空气污染 75%，减少 97%的水污染和固体废物

（3）变废为宝。欣赏一组废物利用的创意作品，一起动手来创造。

（4）坚持打卡。生活中，正确进行垃圾分类，做到一天涂一颗红星，连续 21 天，便能养成了垃圾分类好习惯。出示"垃圾分类打卡单"。

小结：垃圾分一分，城市美十分。让我们为了更美好的生活一齐努力，做垃圾分类的"小先锋"。

板书：

**垃圾分一分　城市美十分**

"灰其其"的调查

"红危危"的自述

"绿厨厨"的倡议

"蓝宝宝"的妙招

# 让"视界"充满爱

6月6日　全国爱眼日

【教学目标】

1. 从了解眼睛的构造入手，知道保护眼睛的重要性。

2. 学习保护眼睛的秘诀，减少近视的发生。

【适用年级】小学中、高年级

【教学准备】了解眼睛；制作 PPT 课件

【教学过程】

播放乐曲《Eye 眼健康歌》。

**环节一：游戏体验**

1. 猜谜导入

谜面：上边毛，下边毛，中间有颗黑葡萄。（谜底：眼睛）

2. 游戏体验

今天，我们来做几个"蒙眼游戏"，然后谈谈体会。

（1）蒙住眼睛在纸上写自己的名字。

（2）蒙住眼睛整理书包。

（3）蒙住眼睛从讲台回到自己的座位，同学保护。

小结：眼睛是心灵的窗户，睁开双眼，我们可以看到灿烂的太阳、皎洁的月亮、湛蓝的天空、广阔的大地、无边的海洋、千姿百态的植物和动物；眼睛一旦失去光明，世界将变得一片黑暗，我们就会像一艘回不到家的船，内心无比恐惧，洗脸、吃饭、写字、画

画这些小事都会显得异常艰难。眼睛，实在是太重要了！我们要珍爱我们的双眼。（板书：爱眼）

**环节二：烦恼一族**

1. 情景剧《小胖的烦恼》

大意：近期，因为小胖一直看电视，视力急剧下降，没办法，妈妈只好和小胖去配了眼镜。早上，小胖吃面条，没想到眼镜上蒙了一层厚厚的雾气，小胖差点儿把面条送到鼻子里。体育课上，小胖和同学们打篮球，跑起来时眼镜一动一动的，害得小胖头晕眼花。突然，一个球朝小胖飞来，"啪"的一声，眼镜落在地上，碎了。这下惨了，等着回家挨骂吧。

2. 我的烦恼

你有和小胖一样的烦恼吗？说说体会。

小结：小小眼睛真重要，它要不好你真烦恼。

**环节三：眼睛的重要**

1. 眼球的自述

今天，老师给大家带来了一位神秘客人，请它作一下自我介绍吧。

眼球的自述（动画）：大家好，我叫眼球，我出生后被人们称为"心灵的窗户"。瞧，我就像一台照相机，前面透明的部分，就像相机的镜头，里面有"光圈"，就是瞳孔，后面有个"暗盒"，各种看见的物体的影像落在"底片"上，眼睛里的底片是"视网膜"，然后通过视神经传到大脑，就知道看到的是什么了。有了我们，主人不但能看清物体的形状，还能分辨不同的色彩，看到的不仅是一幅幅绚丽多彩的图画，而且是立体景观。我们让主人感觉到精彩纷呈的世界，青的山，绿的水，白的云，蓝的海……一切都是那般美好。通过我，主人还能轻松地看书、写字、锻炼、画画，掌握了很多本事。

听了眼球的自述，你了解它了吗？

小结：小小眼睛真奇妙，人人都要保护好。

2. 眼睛的控诉

眼球（录音）：人人都知道我很重要，可是我的小主人小强却不懂得珍惜我、保护我，还经常伤害我。你们看（示组图）：

图一：在强烈的太阳底下看书。

图二：长时间看电视，爸爸妈妈叫了也不听。

图三：在汽车上看书、玩手机。

图四：用脏手揉眼睛。

你和小强一样伤害过自己的眼睛吗？会产生什么后果？

小结：小小眼睛很脆弱，精心呵护别忘了。（板书：护眼）

3. 护眼知识竞赛

（1）全国爱眼日是每年的（ B ）
A.5 月 10 日　　B.6 月 6 日　　C.6 月 10 日　　D.7 月 6 日
（2）正常的视力应该是（ A ）
A.1.0 以上　　B.0.8 以上　　C.0.6 以上　　　　D.0.5 以上
（3）连续看电视的时间最好控制在。（ C ）
A. 半小时左右　B. 一小时左右　C.2 小时左右　　D. 累了为止
（4）近视现象表示为（ A ）
A. 远视力下降，近视力正常
B. 近视力下降，远视力正常
C. 远近视力都下降
D. 远近视力都正常
（5）人类接受外界信息百分之八十以上依靠（ C ）
A. 触觉　　　　B. 听觉　　　　C. 视觉　　　　　D. 嗅觉
（6）哪种近视眼与遗传关系最密切（ C ）
A. 低度近视眼　B. 中度近视眼　C. 高度近视眼
（7）角膜炎的发生原因多数是（ D ）
A 外伤加感染　B. 感染细菌　C. 感染真菌　D. 以上都是

（8）每天户外活动（　）或每周户外活动 10 个小时，能够有效降低近视发病率。（　B　）

A. 1 小时　　　　B. 2 小时　　　C. 3 小时左右　　　　D. 4 小时

（9）角膜是无色透明的。（　是　）

（10）后天性近视不可预防。（　否　）

（11）看电视时，与屏幕的距离最好应为屏幕对角线的 4～6 倍。（　是　）

（12）动物肝可以补眼明目。（　是　）

（13）糖在体内代谢时需要大量维生素 B1，如果糖分摄取过多，维生素 B1 就显得不足。维生素 B1 缺乏会使视神经生长发育受影响，而导致视力的减退。过多地摄取糖分也会降低体内钙质，使眼球弹力减弱，助长近视眼的发生发展。（　是　）

**环节四：护眼秘诀**

1. 做好"眼保健操"

认真做好眼保健操对眼睛有什么好处呢？

播放眼科博士录音：眼保健操是根据祖国医学推拿、经络理论结合体育医疗综合而成的按摩法。它根据对眼部周围穴位的按摩，使眼内气血通畅，改善神经营养，以达到消除睫状肌紧张或痉挛的目的。学生每天坚持做眼保健操是一个良好的习惯，能受益一生。

2. 学做"眼球操"

口令（学生跟着做）：抬起头，呼气，眼球向上看 5 秒，然后吸气，头回到原来位置。低下头，呼气，眼球向下看 5 秒，然后吸气，头回到原来位置。

接着相同的动作要领，头部左右上下晃动，前后左右晃动。

最后，用力闭上双眼，再把眼睛一下子睁开！

**环节五：发出倡议**

1. 护眼微演讲《如果》

如果你的理想是当个宇航员，驾驶着现代化的宇宙飞船去找寻神秘的 UFO，如果没有一双明亮的眼睛，计算机上瞬息万变的指示灯看错了，那可是要出问题的呀！如果你的理想是当个驰骋大洋的海员，那么，也要有一双明亮的眼睛，万吨巨轮在万顷碧波中遨游，若是你眼神不好，看错了海图，会触礁出事故。

如果你的理想是当个与死神搏斗的白衣战士，那么，更需要有一双明亮的眼睛，X光屏幕上逃过了病魔的踪影，那会要人命！如果你的理想是成为电子工程师，那么，没有一双明亮的眼睛就更不行了，那错综复杂的电子线路，看错了一条，就大不一样！即使你去当个农民，没有明亮的眼睛也不行，试想，你戴着眼镜种地，多么不方便啊。

眼睛啊眼睛，我们生活需要，劳动需要，学习需要，做一切工作都要有一双明亮的眼睛。希望同学们像爱护自己的生命一样爱护自己的眼睛，让"视界"更美好！

2. 齐唱《Eye眼健康歌》

板书：

### 让"视界"充满爱
爱眼　护眼

# 父爱如山伴我行

【教学目标】

1. 了解父亲节的由来，感受父亲的爱，感恩父亲为家庭付出的努力和辛苦。

2. 知道应该为家庭做力所能及的事，提高家庭责任感。

【适用年级】小学中、高年级，初中

【教学准备】和父亲的合影；收集名人故事；制作课件

【教学过程】

课前播放歌曲《父爱如山》。

**环节一：我和父亲的那些事**

母爱像是一条河，微波漾漾，温柔缠绵；父爱像一座山，巍峨耸立，勇敢坚强。或许，你的父亲相貌平凡，但对你露出的笑容总是溢满宠溺；或许，他谈吐并不优雅，但絮絮叨叨的都是对你的真切关怀。他有些抠门，但为你却从不吝啬……他，就是这世上最爱你的男人——父亲！

1. 无处不在的爱

你从哪里感受到了父亲的爱？试用一件最具代表性的事例来说明，如果有当时的照片请出示。例：

——父亲教我骑自行车，我在前面骑，他在后面追。

——一只野狗朝我叫，父亲站到我跟前。

——小时候，我骑在爸爸的脖子上，到动物园看大象。

2. 生活里的不愉快

刚才，同学们交流的都是美好幸福的生活画面，你和父亲之间有没有发生过不愉快呢？也可以交流一下。例：

——我要买一个玩具，父亲偏不同意，我伤心地哭了。

——有一次摔倒了，父亲就是不抱我，让我自己爬起来。

——和妈妈一起购物，爸爸叫我拎重的，妈妈拎轻的，我很不情愿。

父亲为什么不顺着你的心意，批评你，甚至要训斥你？

小结：你没礼貌时，他会管你；你太调皮时，他会训你；你做错事时，他会罚你。他，就是父亲。有时他是朋友，和你一起玩，一起疯；有时他是老师，督促你进步，教育你成长。

**环节二：他和他的父亲**

1. 故事分享

刚才，同学们交流了"自己和父亲"之间发生的故事，那些名人、成功人士，他们和父亲间又发生了怎样的故事呢？请同学们交流课前收集的故事或片段。如：

（1）朱自清《背影》片段：无微不至的爱

我看见他戴着黑布小帽，穿着黑布大马褂，深青布棉袍，蹒跚地走到铁道边，慢慢探身下去，尚不大难。可是他穿过铁道，要爬上那边月台，就不容易了。他用两手攀着上面，两脚再向上缩，他肥胖的身子向左微倾，显出努力的样子。这时我看见他的背影，我的泪很快地流下来了。

（2）赵丽宏《挥手》片段：关注孩子的进步和成长

在我的所有读者中，对我的文章和书最在乎的人，是父亲。从很多年前我刚发表作品开始，只要知道哪家报纸杂志刊登有我的文字，他总是不嫌其烦地跑到书店或者邮局里去寻找，这一家店里没有，他再跑下一家，直到买到为止。

（3）安徒生的父亲：穷鞋匠培养出大作家

丹麦童话作家安徒生出生在一个小城镇上，那里有不少贵族和地主，安徒生的父亲只是个穷鞋匠，母亲是个洗衣妇。贵族地主们怕降低了自己的身份，从不让自己的孩子和安徒生一起玩。父亲说："孩子，别人不跟你玩，爸爸来陪你玩吧!"父亲亲自把安徒生简陋的房间布置得像个小小博物馆，他常给安徒生讲《一千零一夜》等古代阿拉伯的故事，还给他念剧本。为了丰富安徒生的精神世界，父亲还鼓励安徒生到街头去看埋头工作的手艺人、弯腰曲背的老乞丐、坐着马车横冲直撞的贵族等人的生活，这些经历为安徒生以后写出《卖火柴的小女孩》等童话故事打下了很好的基础。

谈体会：从他们的故事中，你看到了怎样的父亲？（温柔、体贴、无私）是否所有父爱都是这样温暖呢？我来们听一则"我是演说家"中，马丁老师的演讲。

2. 观看视频，马丁《父与子的战争》

谈体会：从马丁和他父亲的战争中，你又看到了怎样的父亲形象？你对父爱又有了怎样新的理解？（外冷内热、严格深沉、让人年轻时不能接受长大后才深深感知的父爱）

3. 读懂父爱

有的人的父亲像一座沉默的山，不轻易表达自己的爱；有的人的父亲像放风筝的那个人，嘴上说"你飞吧"，手里却牢牢地拽着线拐；有的人的父亲常常言不由衷，明明心里很爱，却装出一副满不在乎生气的样子……你的父亲属于哪一种？现在，你能读懂父亲的爱吗？

小结：父亲的爱，不分国界，不分时代。读懂父爱，感知父爱，我们才能和父亲的心靠得更近。（板书：读懂父爱）

**环节三：爸爸，我想对你说**

1. 夸夸我的父亲

同学们，你爸爸有哪些值得夸赞的地方？当着大伙的面夸夸他。例：

——我爸爸力气特别大，家里的重活累活都他干。

——我爸爸是警察，工作特别负责，经常加班。

——我爸爸特别孝顺。

2. 准备"父亲节"礼物

父亲节就要到了，你准备给父亲送上一份怎样的礼物，表达自己的感恩之情呢？（板书：表达感恩）

例：

——给父亲做一张贺卡，写上要说的话。

——给父亲唱一首歌，如《父亲的手》。

——做一份"我们一家"的手印画，把爸爸的手印放最中间。

3. 学唱歌曲《父亲的手》

小结：恐惧时，父爱是一座挺拔的山；黑暗时，父爱是一盏照明的灯；沮丧时，父爱是一缕温暖的光；烦躁时，父爱是一湾清澈的泉；努力时，父爱是一只擂动的鼓；成功时，父爱是一只鸣响的钟……父亲就是这样，不像妈妈一样时刻陪伴，却总能在关键时刻为我们撑起一片天！父亲节就要到了，让我们对全天下所有的父亲说一声："爸爸，您辛苦了！爸爸，我永远爱您！"

板书：

**父爱如山伴我行**

读懂父爱　表达感恩

# 粽叶飘香话端午

农历五月初五　端午节

【教学目标】

1. 了解端午节的来历及风俗，激发民族自豪感。

2. 锻炼学生通过各种渠道获取信息的能力。

3. 通过活动，体验端午节的独特魅力，培养学生的合作意识与动手能力。

【适用年级】小学高年级，初中

【教学准备】了解端午节的由来、习俗；制作课件

【教学过程】

**环节一：了解端午的传统习俗**

1. 端午习俗

每年农历五月初五，是我国重要的四大传统节日之一端午节，又称端阳节，在中国已有两千多年的历史。"端午"的"端"本义为"正"，"午"为中，"端午"，"中正"也，这一天午时则为正中之正。端午节有哪些习俗呢？请同学们结合课前收集的资料和生活经验进行介绍。

| 传统习俗 | 形式 |
|---|---|
| **悬钟馗像、跳钟馗**：在古代，端午就是夏季的开端，春夏季节转换，阴阳变换，容易受到邪气干扰，所以五月被认为是"恶月""毒月"。钟馗是一位驱邪除祟的神仙，因此在端午节这一天，他的画像也成为古代民间的"爆款"。 | 观赏画像，看钟馗舞录像 |
| **挂艾叶菖蒲**："清明插柳，端午插艾"，有关艾草可以驱邪的传说流传已久，它具备医药的功能。 | 观察实物，闻一闻，摸一摸 |
| **佩香囊**：香囊内通常填充一些具有芳香开窍的中草药，如川芎、白芷、排草、芩草、丁香、山艾等，有清香、驱虫、避瘟、防病的功效。佩在胸前，香气扑鼻。 | 观察实物和制作视频 |
| **拴五色丝线**：端午清晨，大人起床后第一件事便是在孩子手腕、脚腕、脖子上拴上用红、绿、黄、白、黑色粗丝线搓成的五色线。可去邪祟、攘灾异，会带来一年的好运。系线时，禁忌儿童开口说话。 | 观赏实物，现场戴一戴 |
| **端午食粽**：粽，俗称粽子，主要材料是糯米、馅料，用箬叶（或柊叶、箬古子叶）包裹而成，形状多样，有尖角状、方状等。最初是用来祭祀祖先神灵的贡品。 | 结合图片介绍，回家品尝 |
| **吃五黄**：五黄，即是黄鱼、黄瓜、黄鳝、鸭蛋黄、雄黄酒。农历五月，江南人称五黄月，因有 5 种带"黄"音的食物上市而得名。中医认为，端午节是一年中阳气最盛的时候，而中午，又是一天中阳气最盛的时候，可利用端午节气的力量，抑制霉运，提升自己的精力。 | 编排情景短剧 |
| **避五毒**：民间认为五月是五毒（蝎、蛇、蜈蚣、壁虎、蟾蜍）出没之时，要用各种方法以预防五毒之害。 | 以问答形式进行介绍 |
| **赛龙舟**：屈原，战国诗人，早年受楚怀王信任，任左徒、三闾大夫，兼管内政外交大事，主张对内举贤任能，修明法度，对外力主联齐抗秦。因遭贵族排挤诽谤，被先后流放至汉北和沅湘流域。楚国郢都被秦军攻破后，自沉于汨罗江，以身殉楚国。当地百姓闻讯，马上划船捞救，始终不见屈原的遗体，后发展成为龙舟竞赛。人们煮糯米饭或蒸粽糕投入江中，以祭祀屈原，因为恐鱼吃掉，故用竹筒盛装糯米饭掷下，以后渐用粽叶代替竹筒。 | 讲故事，观看电视剧《屈原》片段 |

2. 端午知识问答

听完同学们的介绍，你能做出正确选择吗？

(1) 爱国诗人屈原是我国战国时期哪国人？（  ）
A. 秦国　　B. 楚国　　C. 魏国

(2) 端午节是我国 2000 多年的旧习俗，要吃哪些食品？（  ）
A. 馒头　　B. 粽子　　C. 樱桃　　D. 栗子　　E. 雄黄酒

(3) 端午节有为小孩佩香囊的习惯，代表的意义是（  ）
A. 避邪驱瘟　B. 一种装饰　C. 治病防身　D. 吉祥如意

(4) 你知道最早的粽子是产于哪个时期吗？（  ）
A. 晋代　　B. 春秋时期　C. 南北朝时期　D. 商周时期

(5) 屈原的代表诗作有哪些？（  ）
A.《九歌·国殇》　　　　B.《天问》
C.《九歌·湘夫人》　　　D.《九章》

3. 诵读童谣

五月五，是端阳。门插艾，香满堂。

吃粽子，洒白糖。龙舟下水喜洋洋。

**环节二：缅怀屈原，致敬先贤**

1. 诵读屈原诗作

### 橘　颂（片段）

深固难徙，廓其无求兮。苏世独立，横而不流兮。

闭心自慎，不终失过兮。秉德无私，参天地兮。

愿岁并谢，与长友兮。淑离不淫，梗其有理兮。

年岁虽少，可师长兮。行比伯夷，置以为像兮。


翻译：你扎根深固难以移徙，开阔的胸怀无所欲求。你疏远浊世超然自立，横耸而出决不俯从俗流。你坚守着清心谨慎自重，何曾有什么罪愆过失。你那无私的品行哟，恰可与天地相比相合。我愿在众卉俱谢的岁寒，与你长作坚贞的友人。你秉性善良从不放纵，坚挺的枝干纹理清纯。即使你现在年岁还轻，却已可做我钦敬的师长。你的品行堪比伯夷，将永远是我立身的榜样。

从《橘颂》片段中，你读出了一个怎样的屈原？

小结：《橘颂》借橘写人，颂扬了诗人独立不迁的精神品格，坚守信念、乐观开朗、昂扬奋发的精神。

2. 屈原礼赞

请同学们诵读屈原作品中的经典诗句，说说自己的理解，你又读出了一个怎样的屈原？

"长太息以掩涕兮，哀民生之多艰。"出自屈原的《离骚》，屈原因为民生艰难而叹息流泪，彰显出他心忧家国、情牵百姓的高尚品格。

"举世皆浊我独清，众人皆醉我独醒。"出自屈原的《渔父》，意思是："天下都是浑浊不堪只有我清澈透明，不同流合污，世人都迷醉了唯独我清醒。"表达了屈原贞洁自守的信念。

"青云衣兮白霓裳，举长矢兮射天狼。"出自屈原的《九歌·东君》，意思是："穿着云彩一般美丽的衣服，举起长箭去射那贪婪成性欲霸他方的天狼星（天狼星指秦国）。"屈原就是这样一个斗志昂扬的勇士。

"亦余心之所善兮，虽九死其犹未悔。"出自屈原的《离骚》，意思是："这些都是我内心之所珍爱，就是让我九死还是不后悔。"屈原的理想是抗击强秦的侵略，维护楚国的独立，实行清明的政治。诗人为了实现理想，虽九死而不悔。屈原就是这样一个英雄，不畏强暴，这种精神，影响了千百代人民。

**环节三：端午祈福，学做香囊**

1. 写下祝福

端午就要到了，你想把祝福送给谁呢？请亲笔写下来，送给他（她）。

2. 学做香囊

出示制作步骤，指导学生现场做香囊。

（1）自制香囊配料：艾草、藿香、陈皮、苍术、辛夷、细辛、白芷、薄荷、紫苏叶、石菖蒲、金银花等中药香料。选取上述中药香料，每一味称取 3~5g 左右，混匀备用。

（2）粉碎中药香料：将准备好的中药香料在打粉机中打碎。

（3）香料装袋封口：把粉碎后的中药香料装入小的无纺布袋内，封口。然后在放入香囊包中，封口即可。

3. 表达心声

你想把祈福卡和香囊送给谁呢？大胆表达自己的心声。


板书：

### 粽叶飘香话端午

缅怀屈原　致敬先贤

# 中国有了共产党

**7月1日　党生日**

【教学目标】

1. 了解中国共产党诞生的历史背景，深切体会"没有共产党就没有新中国"。

2. 宏观了解中国共产党的百年历史，了解在中国共产党领导下中国发生的巨大的变化，感受中国人民日益美好的生活。

3. 激发青少年爱党爱国的朴素感情，立志为中华民族的伟大复兴贡献力量。

【适用年级】小学高年级，初中

【教学准备】了解百年党史；制作课件

【教学过程】

**环节一：穿越百年，走进历史**

1. 探究落后原因

同学们，2021年7月1日，我们迎来了中国共产党的百年华诞，很多同学问："老师，中国共产党是谁?""为什么没有共产党就没有新中国?"要回答这些问题呀，我们得去一个地方。

（示人民苦难图）这是100多年前的中国。你看到了什么?（贫穷，饥饿，灾荒，战争，疾病，死亡）

如果你是生活在这个时期的孩子，会怎样?（害怕，恐惧，哭泣，逃离）

我们都知道，中国原本是一个历史悠久的发达国家，盛唐时期的中国，政治开明、思想开放，可以说是当时世界上最繁荣的一个国家。直到清朝初期，中国的社会生产力仍处于世界前列。但后来，中国为什么落后了呢? 请同学们结合课前收集的资料，进行讨论:

（1）由于清政府对内实行专制统治，对外采取闭关自守的政策，国家越来越衰败。（观看评论录像《清政府为什么会落后》）

（2）落后就要挨打。从 1840 年至 1900 年的 60 年间，西方列强先后发动了包括鸦片战争、甲午战争、八国联军侵华战争在内的 5 次大规模战争。5 次侵华战争前后持续了 10 年，也就是说，当时中国有六分之一的时间都在挨打。（观看录像片段《圆明园的毁灭》）

（3）战争结束后，我国还被迫签订了《南京条约》《马关条约》《辛丑条约》等 100 多个不平等条约，割地赔款、开放口岸、丧失主权。（观看录像，介绍三大不平等条约的具体内容）自此，中国一步步沦为半殖民地半封建社会。最惨的是中国老百姓，既要受封建统治阶级的剥削，又要受外来帝国主义的压迫。中华大地，哀鸿遍野，满目疮痍。

2. 中华民族的觉醒

哪里有压迫，哪里就有反抗。中国人民怎能束以待毙、亡国灭种? 中国的志士仁人和各阶层民众先后发起了一系列救亡图存的斗争。但是，这些斗争都一一失败了，亿万人民仍在水深火热中挣扎。中国先进知识分子认识到，要挽救中华民族，必须在中国建立一个以马克思学说武装起来的无产阶级的先进政党。面对破碎的山河，他们庄严宣誓（观看《觉醒年代》录像片段）。

镜头中的两个人，一个叫李大钊，一个叫陈独秀。谁能来介绍这两个人物?

（1）李大钊，是在中国系统传播马克思主义的第一人。陈独秀，是李大钊最忠实的革命伙伴，他通过积极创办《新青年》杂志，高举"民主""科学"的大旗，宣传马克思主义和社会主义学说，热情颂扬俄国十月革命。

（2）马克思主义的广泛传播，进一步促进了中国人民，特别是青年知识分子的觉醒。2021年的热播剧《觉醒年代》，就是以真实的历史故事为线索，再现了100年前中国先进分子和热血青年追求真理、燃烧理想的澎湃岁月（观看《觉醒年代》精彩片段集锦）。

3. 五四运动

请同学们结合制作的PPT介绍五四运动：

（1）1919年初，第一次世界大战的战胜国在法国巴黎召开所谓的"和平会议"。在英国、美国、法国、日本等国的操纵下，战胜国中国得到的却是和战败国一样的待遇。北洋政府屈服于列强压力，准备在合约上签字。消息传到国内，激起了社会各界的强烈愤慨，以学生斗争为先导的五四运动爆发了。

（2）5月4日，北京大学等校学生在天安门前集合，高呼"外争主权，内除国贼"等口号，游行示威。学生们的爱国行动遭到了北洋政府的镇压之后，上海等地学生罢课，工人罢工，商人罢市，支持北京学生，形成了全国范围的群众性反帝爱国运动。北洋政府迫于压力释放了被捕学生，中国代表团拒绝在合约上签字，五四运动取得胜利。

（3）五四运动的意义：促进了马克思主义在中国的传播，标志着中国新民主主义革命的开端，为中国共产党的成立做了思想上和组织上的准备。

**环节二：中国共产党的诞生**

1. 南湖游船

1921年，中国共产党在嘉兴南湖的这艘游船上诞生了！它像一束光，划破漫漫长夜，让黑暗的中国找到了出路，让绝望的人们看到了希望。

（示图）请同学们介绍出席中共一大的 13 位代表。

2. 不屈的抗争

（示图）中国共产党成立后，共产党人冒着随时被捕、随时牺牲的危险宣传党的纲领；他们团结劳苦大众，组织武装起义，反抗压迫，反抗剥削，反抗侵略者！为了免除下一代的苦难，无数共产党人为之付出了生命的代价。

课前，同学们收集了许多革命先辈的英勇就义的故事，来交流一下：

（1）李大钊：1927 年 4 月 6 日，李大钊不幸被军阀被捕。他在狱中受尽酷刑，但始终严守党的秘密，大义凛然，坚贞不屈。4 月 28 日，李大钊在临刑前慷慨激昂地发表了最后一次演说："不能因为你们今天绞死了我，就绞死了伟大的共产主义！我们已经培养了很多同志，如同红花的种子，撒遍各地！我们深信，共产主义在世界、在中国，必然要得到光荣的胜利！"铁肩担道义，妙手著文章，李大钊就是这样一位信念坚定、英勇无畏的无产阶级战士。

（2）夏明翰：1928 年初，夏明翰告别妻子和刚出生的女儿来到武汉开展工作，由于叛徒出卖，不幸被捕。在狱中，他同样受尽折磨，宁愿死，也决不叛党。在生命的最后时刻，他提笔写下了这样一首诗："砍头不要紧，只要主义真，杀了夏明瀚，还有后来人。"牺牲时，年仅 28 岁。他用热血谱写的这首革命的战歌，鼓舞着无数后人为之奋斗。

（3）朱凡：祖籍浙江，生于上海。她有姣好的模样，有股实的家庭，花样的年华却毅然投身革命。她来到常熟沙家浜地区参加江抗，在部队撤离时，仍然选择留下。也是由于叛徒的告密，朱凡被捕了。穷凶极恶的敌人对奄奄一息仍不开口的朱凡使出最惨无人道的手段——用绳子一端绑住朱凡的一只脚，另一端系在汽艇上，在昆承湖中横冲直撞地拖行……朱凡的鲜血染红了湖面，她的生命融入了沙家浜，融入了芦苇荡……

同学们，从1921年到1949年，300多万共产党人为国捐躯，他们用生命诠释了对党的忠诚，对人民的热爱。面对这一张张年轻、英勇的脸庞，你有什么想说的吗？（学生交流）

小结：是啊，我们何其有幸，生在红旗下，长在春风里。我们没有体验过寒冷、饥饿，更没有经历过动乱与战争。然而你是否想过，美味的食物，漂亮的衣裳，安全的环境，舒适的生活，这一切的一切，都是他们用热血和生命换来的呀。（示革命先烈图）没有他们，或许我们还是100年前那些被卖的孩子；没有他们，或许我们正饥肠辘辘、沿街乞讨；没有他们，或许我们早已在战火中殒命消亡。

**环节三：新中国的诞生和发展**

1. 新中国的诞生

在中国共产党的领导下，经过28年艰苦卓绝的斗争，日本侵略者被驱逐，地主、官僚、反动派被打倒，中国人终于可以挺直腰杆当家作主人了，普通老百姓也拥有人作为人的尊严、权利和自由。1949年10月1日，毛主席在天安门城楼向世界庄严宣告：中华人民共和国成立了。（播放视频）

大江南北，长城内外，普天同庆，一片欢腾。人们在心底发出这样的赞叹，没有共产党就没有新中国。

2. 新中国的发展

微演讲：（结合录像）新中国成立后，党带领人民艰苦奋斗，自力更生，发展生产，改革开放，建设美丽中国。短短70多个春秋，中国从一个连饭都吃不饱的落后国家，一跃成为令世界瞩目的社会主义强国。当看到国之重器上天入海，探索苍穹；当看到超级工程攻坚克难，刷新纪录；当看到中国智慧走出国门，领跑世界；当看到 9899 万农村贫困人口全部脱贫；当看到全国人民众志成城抗击新冠疫情……14 亿中国人从心底由衷地发出赞叹：没有共产党就没有新中国！

3. 齐唱歌曲《没有共产党就没有新中国》

习近平总书记说："人民对美好生活的向往，就是党的奋斗目标。"这是党对人民的庄严承诺，也是共产党人永远不变的使命和初心！

中国有了共产党，人民幸福把歌唱（板书）。通过这堂思政课，相信同学们对中国共产党有了更加全面深入的了解。那么，就让我们一起唱响这首歌，表达对党、对人民最真挚的热爱。

板书：

### 中国有了共产党
人民幸福把歌唱

# 军民鱼水情

8 月 1 日　建军节

【教学目标】

1. 感受在中国共产党领导下，军爱民、民拥军的优良传统。

2. 感受人民军队纪律严明、不怕牺牲的革命精神。

3. 教育和鼓励学生做拥军爱军的小模范。

【适用年级】小学高年级，初中

【教学准备】了解"八一"建军节的由来；制作课件

【教学过程】

**环节一：故事导入，感受"民拥军"**

1. 故事《36 个伤病员》

先请同学们听一个故事。（示图）抗日战争时期，新四军和日本侵略者在江南一带展开激烈战斗。新四军大部队撤退时，把 36 个伤病员留在了沙家浜。为了将他们斩尽杀绝，日本鬼子和汉奸对他们展开了疯狂的搜捕。同学们猜猜，这 36 个伤病员的命运会怎样？

让我们继续听故事。这 36 个伤病员非但没有被敌人抓走，身体恢复后返回部队，成了抗日战争和解放战争的重要力量。这支英雄的部队，就是"沙家浜连"（出示沙家浜连图）。故事听到这里，同学们有什么疑问？

答案就在下面这组图片里（出示《沙家浜连环画》）。请同学们仔细阅读连环画，从中找找答案。预设：

——有地下党人和沙家浜群众的帮助和掩护，沙家浜人民宁愿自己忍受严刑拷打，也决不说出伤病员的下落。

——沙家浜河湖密布，有大片的芦苇荡，就像一个大迷宫，沙家浜人民以此为天然屏障，把 36 个伤病员藏在芦苇荡里，当亲人一样保护、照顾，谱写了一曲荡气回肠的"民拥军"的赞歌。

2. "民拥军"故事拓展

抗日战争、解放战争时期，还有很多"民拥军"的真实感人的故事，请同学们交流课前收集的资料。如：

（1）《一根扁担挑三省》：中央红军攻占道县，准备启程渡湘江时，道县老百姓不但夹道欢送，更有不少人抢着为红军挑担运送物资。上关村一位叫彭素贞的妇女毅然告别亲人，用一根扁担挑着几十斤重的担子随红军离开了自己的家乡。经历了惨烈的湘江之战后，彭素贞幸运地活了下来。她虽然负伤多处，但肩上的担子一直没有丢掉。这位备受红军长征精神感染的坚强女性，在接下来的 40 天里，走过了 3 个省 17 个县，行程 2500 多里，硬是把红军送到了贵州境内。

（2）《一把柴刀开百山》：为了给红军抢渡湘江赢得时间，道县祥霖铺乡石山村 50 岁的陈有芳自告奋勇为红军当向导。他拿着砍柴刀在崎岖的山道上劈荆棘。手上、脸上被划破了，他不肯用红军的药品、纱布；草鞋磨穿了，他不肯换上红军的新鞋；红军战士们拿出干粮给他吃，他却只吃自带的糠饼子和红薯丝。三天三夜后，陈有芳将红军部队提前带到了广西。临别时，部队首长拿出 4 个银圆塞进他的衣袋，他硬是把钱还给了首长。

（3）播放《淮海战役》电影片段：淮海战役时，在通向前线的各条运输线上，车轮滚滚、人流如织，几百万民工大军推着小车向前方运送物资，形成了中国战争史上的奇观。男女老少齐上阵，家家户户都为支前做贡献。据统计，除在后方碾米、磨面和做军鞋的人力外，共出动支前民工 543 万人，是参战部队总人数的 9 倍。

3. 诵读拥军民谣

当年，还流传着这样一首民谣，齐读（出示文字）：

"最后一口粮送去做军粮，最后一尺布送去做军装，最后一件老棉袄盖在担架上，最后一个儿子啊，送到了部队上。"

读了这首民谣，同学们有什么想说的吗？

小结：这首民谣和同学们交流的故事，充分见证了人民群众对人民军队的拥护、热爱和无私付出。（板书：民拥军）

**环节二：小组讨论，体会"军爱民"**

1. "军爱民"故事分享

老百姓为什么愿意冒着生命危险帮助、保护人民军队，甚至很多人愿意为此付出生命？让我们一起打开 3 个红色信封，从中寻找答案（课件显示电子信封）。

（1）《半条棉被的故事》（播放录音）：一个冬天的傍晚，3 名红军女战士不幸与队伍失散。她们饥寒交迫，来到了湖南省汝城县沙洲村，敲开了一间破茅草屋。主人是一对年轻的夫妇，家里一贫如洗……临走时，女战士要把她们唯一的一条被子送给这对夫妇作为感谢，夫妇俩说什么也不肯接受。女战士把被子剪成两半，对女主人说："请收下吧，等革命胜利了，我们还会回来看您的。"女主人颤抖着双手接过这半条被子，一句话也说不出，泪水唰地流了下来……

（示雕塑图）这尊雕塑记录了这个真实的故事，从中感受到了什么？

小结：共产党领导的军队就是自己有一条被子，也要剪下半条给老百姓的军队，所以这样的军队能得到人民的深切爱戴。

（2）《进驻上海睡马路》（出示组图）：1949 年 5 月 12 日发起的上海战役，历时 16 天。枪声停息后的第一个清晨，市民们打开家门，惊奇地发现：马路两侧湿漉漉的路边，睡满了身穿黄布军装的解放军战士。他们有的身上半裹着军被，有的鞋已磨破了帮和底，有的胳膊上缠着绷带，有的裤腿上带着血迹……

如果你是上海百姓，看到这样的场景，会怎么想？

这支军队有明确的《三大纪律三项注意》，我们一起来读一读：

"三大纪律：一切行动听指挥；不拿群众一针一线；一切缴获要归公。八项注意：说话和气；买卖公平；借东西要还；损坏东西要赔；不打人骂人；不损坏庄稼；不调戏妇女；不虐待俘虏。"

小结：因为每一位战士都能严格遵守这样的规定，所以受到老百姓的爱戴。

(3)《中国人民解放军奔赴武汉》（播放 2020 年抗疫视频片段）

看完视频，同学们对中国人民解放军是否有了更深入的了解？

小结：这样的军队，一心为民，怎能不让人热爱？（板书：军为民）

2. 总结军民关系

同学们，中国共产党是人民的党，中国共产党领导的军队是人民的军队。因为人民军队为人民，所以人民拥护、热爱这支军队。军民本是一家人，心连心，同呼吸，共命运。这样密切的关系，这样亲密的关系像什么？（板书课题：军民鱼水情）

**环节三：提炼升华，寻找最可爱的人**

1. 建军节的由来

这支军队在成长的过程中，不同时期有不同的名称（依次出示图及名称），红军、八路军、新四军、解放军。但是有一点没有变，未来也不会变，那就是这支军队是中国共产党领导的军队，全心全意为人民服务的军队。为什么把 8 月 1 日确定为建军节呢？

学生介绍：1927 年 8 月 1 日，以周恩来为书记，李立三、恽代英、彭湃为委员组成前敌委员会，组织和领导南昌起义，打响了武装反抗国民党反动派的第一枪，中国共产党领导的人民军队从此诞

生。(观看电影片段)

2. 人民解放军的身影

2022 年，这支军队已经成立 95 周年了，如今，他们又在哪里呢？请听诗朗诵《他们》(依次示图)：

他们在祖国的心脏，

他们在遥远的边疆。

他们在艰苦的训练场，

他们在新兴的研究院。

他们在危险的火灾现场，

他们在艰难的抗震前沿。

……

他们在人民最需要的地方。

3. 布置任务

同学们，通过今天的学习，有什么想法或愿望呢？预设：

——继承党的优良传统，做一名拥军爱军的小模范。

——长大也想加入人民军队，保卫祖国，保卫人民。

——像解放军叔叔一样，做坚强勇敢、无私奉献的人。

布置任务：

(1) 寻访一名退伍老兵    (2) 学唱一首军歌

(3) 观看一部军事电影    (4) 宣讲一个军民鱼水情故事

(5) 帮助一名军属

努力完成其中 3 项任务，争获红旗章。


板书设计：

**军民鱼水情**

军为民　民拥军

# 七　夕

农历七月初七　七夕

【教学目标】

1. 诵读七夕诗词，感受这个传统节日的诗意和浪漫。

2. 交流七夕的民间故事和传统习俗，感受中国传统文化的博大与温情。

3. 在七夕实践体验活动中，增强对节日的认同感和自豪感。

【适用年级】小学高年级，初中

【教学准备】了解七夕的传说、习俗；制作课件

【教学过程】

**环节一：诵读七夕诗歌（配乐）**

1.《古诗十九首·迢迢牵牛星》

迢迢牵牛星，皎皎河汉女。

纤纤擢素手，札札弄机杼。

终日不成章，泣涕零如雨。

河汉清且浅，相去复几许。

盈盈一水间，脉脉不得语。

2.《秋夕》（唐）杜牧

银烛秋光冷画屏，轻罗小扇扑流萤。

天阶夜色凉如水，坐看牵牛织女星。

交流：这两首诗有什么共同点？你喜欢这些诗吗？为什么？

小结：这两首诗都与中国的传统节日"七夕"有关。七夕，一个充满浪漫想象与美妙幻想的美好节日，它寄托了中国古人对纯洁美好爱情和阖家团圆的渴望与向往。

**环节二：了解七夕的由来**

1. "七夕"名称的来历

农历七月七，人称"七姐诞"，因拜祭活动在七月初七晚上（晚上，古称"夕"），故称为"七夕"。"七夕"还有许多别称，如"双七""香日""乞巧节""女节""兰夜"等，也称"中国情人节"，被认为是中国非常具有浪漫色彩的传统节日。

2. 民间故事

关于"七夕"，流传着许多民间故事，其中最有代表性的是《牛郎织女》的故事，我们一起来听一听。（播放录音）（叶圣陶）

交流：你觉得故事中的牛郎、织女、王母娘娘分别是怎样的人？这个故事最感动你的是什么？

小结：牛郎的善良勤劳，织女的忠贞不屈，王母娘娘的心狠手辣，跌宕起伏的情节，让这个民间传说历经千年仍经久不衰。牛郎、织女忠贞不渝的爱情成了世代中国人最美好的向往。

3. 学唱戏曲片段

人们喜爱这个民间故事，还把它改编成了各种戏曲，其中最有名的是黄梅戏唱段，一起来欣赏并学唱。

### 《天仙配》（严凤英）

树上的鸟儿成双对，绿水青山带笑颜。

从今再不受那奴役苦，夫妻双双把家还。

你耕田来我织布，我挑水来你浇园。

寒窑虽破能避风雨，夫妻恩爱苦也甜。

你我好比鸳鸯鸟，比翼双飞在人间。

交流：从戏曲所唱的内容中，你觉得牛郎和织女婚后的生活怎么样？

小结：男耕女织，虽然生活艰苦，但他们夫妻恩爱，生活过得美满幸福。这是中国古代劳动人们向往的幸福。

**环节三：七夕民间习俗**

"七夕"有许多民间习俗。来看一组图，你知道人们在干什么吗？

1. 香桥会

每年七夕，人们都赶来参与，搭制"香桥"，香桥就是传说中的鹊桥。入夜，人们祭祀双星、乞求福祥，然后将香桥焚化，象征着双星已走过香桥，欢喜地相会。

2. 接露水

传说七夕节时的露水是牛郎织女相会时的眼泪，如抹在眼上和手上，可使人眼明手快。

3. 拜七姐

"七夕"是姑娘们的盛大节日。旧时姑娘们向七姐"乞巧"，乞求她传授心灵手巧的手艺，其实所谓"乞巧"不过是"斗巧"。在节日到来之前，姑娘们就预先备好各种奇巧的玩品，用通草、色纸、芝麻、米粒等，制成各种花果、仕女、器物、宫室模型等物，或组织大家聚集在宗乡会馆，摆下各式各样鲜艳的香案，遥祭牛郎织女。

4. 斗巧

七夕斗巧，主要有"穿针乞巧""对月穿针"等几种形式。很多地方还流传着这样的歌谣，我们来读一读：

| 其一 | 其二 |
|---|---|
| 乞手巧，乞貌巧； | 天皇皇地皇皇， |
| 乞心通，乞颜容； | 俺请七姐姐下天堂。 |
| 乞我爹娘千百岁； | 不图你的针，不图你的线， |
| 乞我姊妹千万年。 | 光学你的七十二样好手段。 |

5. 乞求姻缘

（示夜空图）晴朗的夏秋之夜，天上繁星闪耀，一道银河横贯南北，银河东西两岸，各有一颗闪亮的星星，隔河相望，遥遥相对，那就是牵牛星和织女星。牛郎和织女的爱情故事在中国家喻户晓，他们对爱情的坚贞和信守令人感动。世间无数有情男女都会在七夕夜晚，对着星空向织女祈祷自己姻缘美满。

**环节四：七夕话家风**

父母恩爱，对孩子来说，是最幸福的事。你们家爸爸妈妈、爷爷奶奶平时是怎么和睦相处的？从他们身上你学到了什么？（板书：互敬互爱　共渡难关）

板书：

### 七 夕
互敬互爱　共渡难关

# 播一颗 "义" 的种子

9月5日　中华慈善日

【教学目标】

1. 了解自古以来中国人对 "义" 的尊崇。

2. 树立 "与人为善" 的道德观念，传递社会正能量。

3. 认识中国老龄化社会趋势，从小树立社会责任意识。

【适用年级】小学高年级，初中

【教学准备】调查了解、采访；制作课件

【教学过程】

**环节一：说文解字，话说 "义"**

1. 成语拓展

同学们知道哪些带 "义" 字的成语，联系生活说说对该成语的理解。如：

义不容辞、义无反顾、义正词严、见义勇为、大义凛然。

小结：中国人把 "义" 作为一种道德的准则，是因为 "义" 是 "正义" 的化身，是一种崇高的品质。（板书：正义）

2. 故事分享

中国上下五千年，有无数 "义的化身"，其中最具代表的便是关羽。为什么呢？我们来听听他的故事，有请3位同学上台讲述。

**关公秉烛**：刘备和关羽是结拜兄弟，他们经常同床而睡，和亲兄弟一样。关羽愿意为刘备去做一切，无论什么艰难危险，都不退避。有一回，曹操的军队攻破了下邳，把关羽和刘备的两个夫人都捉了去，把他们关在同一间屋子里。夜晚，关羽手里拿着蜡烛为两位夫人照明，一直到天明。

**千里走单骑**：刘备战败，和关羽失散，关羽身陷曹营。曹操爱才心切，对关羽说："如果你愿意归顺我，我保你衣食无忧，而且，我还可以放了你的兄嫂。"关羽答应了。在关羽"归降"曹操的日子里，受到了极高的待遇，被封为汉寿亭侯，上马金，下马银，赐予"赤兔马"。关羽也是斩颜良诛文丑，立下大功。可是，当关羽得到刘备的消息，立即向曹操请辞，但曹操避而不见。关羽只能不辞而别，过五关，斩六将，和刘备会合。

**关羽宁死不降**：关羽夜走麦城被捕后，东吴代表诸葛瑾劝降关羽，关羽义正词严地说："吾乃解良一武夫，蒙吾主以手足相待，安肯背义投敌国乎？若城破，有死而已。玉可碎而不可改其白，竹可焚而不可毁其节。身虽殒，名可垂于竹帛也！"

听了关羽的故事，同学们说说他为什么被人们视为"义"的化身？

**小结**：关羽是忠义之士（板书：忠义），他不为威武所屈，不被富贵所惑，对刘备忠心耿耿，此等高尚情义，可谓义薄云天。

**环节二：寻访汇报，扬正气**

1. 小记者汇报

关羽是小说里的英雄。我们生活中有没有这样重情重义的人呢？课前，小记者来到西泾岸社区，进行了采访，请看他们发回的报道。播放录像：

**小记者**：为了了解西泾岸社区"好人"许云芬的事迹，我们采访了很多人。

**受助孤老曹爷爷**：我们社区有很多孤老，我就是其中一个，许阿姨10多年来一直无私地为我们服务。有的老人不能走路，许阿姨每天烧了饭送到他家里；有的老人生病了，许阿姨陪着去医院做检查；有的老人双腿残疾，许阿姨隔三岔五去给他搞卫生……

社区王好婆：我和许阿姨是邻居，许阿姨为老人做了哪些事我最清楚。我们社区曾经有个百岁老人，临死前，床上弄得一塌糊涂，臭气熏天。许阿姨不怕脏，帮老人换衣服，洗床单，还给老人送棉被。

社区负责人林书记：许阿姨常年为社区15位孤老做饭、送餐，3000多个日子，从无间断；就是她，将"义"字深埋心底，为了这些老人，宁愿放弃自己的工作，过最朴素的生活；就是她，每天穿梭在幽深的小巷子里，为孤独的心灵送去关怀和抚慰。

听了小记者的汇报，同学们觉得许阿姨是个怎样的人？

小结：许阿姨是生活在我们身边的普通人，这个普通劳动者身上闪烁着社会主义核心价值观的光芒，许阿姨就是我们身边的英雄、榜样。也许人们的交口称赞，3000多日的执着坚守，就是对"义"字最好的诠释。

2. 生活链接

你知道生活中还有哪些像许阿姨一样无私奉献的人吗？你，或者你身边的人，受到过他们的关心和帮助吗？（学生自由交流）

拓展介绍：社会上有很多"义工"团队，他们经常到社区为老年人服务，开展"义诊""义务劳动""义务教育"等活动。常熟流水琴川义工团就是这样一个爱心组织。（播放宣传片《我奉献 故我在》）

拓展介绍：在中国的各个地区，都活跃着蓝色英雄，他们有个共同的名字——"蓝天救援队"。哪里有需要，哪里有困难，哪里有危险，他们就会出现在哪里。你身边有蓝天救援队队员吗？说说对他（她）的了解。齐诵：

## 蓝天救援队礼赞

一片爱心做公益，好困救难蓝天碧。

莫谓人间苦难多，春风化雨好人聚。

**环节三：社会调查，责任记**

1. 看图说话

（出示人口老龄化问题示意图）从图中，同学们看懂了什么？

视频介绍：人口老龄化已成为全球普遍现象，但中国人口老龄化规模大、程度深、速度快。2020年我国65岁以上老龄人口达到1.91亿，占总人口比重13.5%。预计2057年中国65岁以上人口达4.25亿，占总人口比重32.9%~37.6%。养老问题将成为未来社会一大难题，到时，成为社会中坚力量的我们，又该做些什么？

2. 发出倡议

---

### 倡议书

同学们：

敬老爱老助老是中华民族的传统美德，是社会和谐的基础，关注、关爱、关心老人是全社会公民的共同责任。为此，我们发出倡议：

孝敬父母长辈，尽一片孝心。理解长辈的不易，对他们一生的辛苦操劳心存感激，尽自己所能为长辈尽孝。常回家探望长辈，让长辈感受到来自晚辈的爱和温暖。

关爱身边老人，办一件实事。礼遇敬重身边老人，热心为老年人解决实际困难。要以儿女之心善待身边的老人，尊重他们的劳动成果和辛苦付出。当身边的老年人需要帮助时及时伸出援手。

开展敬老服务，献一份真情。积极参与志愿服务，主动帮助孤寡、贫困、残疾、高龄和空巢老人，解决生活照料、精神慰藉等问题。深入敬老院、老年公寓，帮助老人整理内务，尽一己之力为老人奉献爱心。

德乃人之本，孝为德之先。关爱今天的老人，就是关爱明天的自己。

××学校全体学生

×年×月

---

小结：肩负未来的使命，为社会担当，这就是"道义"。（板书：道义）

3. 日行一善

最后，给大家布置一份特殊的作业。21 天养成一个好习惯，请同学们完成"日行一善记录单"。向身边的人送出微笑，给老人一句真诚的问候，帮同学捡起掉落地上的笔，为父母做一次家务，都是"善"的表现。相信通过坚持不懈的努力，这颗"义"的小种子定会在你的心里生根、发芽、开花、结果。

板书：

**播一颗"义"的种子**

**正义　忠义　道义**

# 我爱您，老师

9 月 10 日　教师节

【教学目标】

1. 知道教师节的来历，通过推荐"最美老师"，回味师爱。

2. 从名人志士尊敬老师的故事中得到启发，做一个有感恩之心的好学生。

3. 从陶行知的事迹中，感受伟大崇高的师德。

【适用年级】小学中高年级，初中

【教学准备】各小队调查、整理材料；制作课件

【教学过程】

**环节一：教师节的来历**

1. 考考你

2022 年 9 月 10 日是中国第几个教师节？（第 38 个）

你知道教师节的来历吗？

2. 知识窗

（播放视频）教师，人类灵魂的工程师，人类文明的传承者，在中国几千年的灿烂历史中，"师"，总是受人尊敬，被人爱戴的。在中国近现代史上，多次以不同的日期作为教师节。1985 年，第六届全国人大常委会第九次会议通过了国务院关于建立教师节的议案，真正确定 1985 年 9 月 10 日为中国第一个教师节。

**环节二：我心中的"最美老师"**

**1. 我的"推荐理由"**

在我们的成长过程中，得到过许多老师的教育、培养、关怀、帮助、鼓励……课前，同学们都填写了"我心中的最美老师"推荐单，请分享你的推荐理由。

| "我心中的最美老师"推荐单 | |
|---|---|
| 推荐老师： | 推荐人： |
| 推荐理由： | |
| 列举事例： | |

**2. 老师，我想对您说**

春蚕到死丝方尽，蜡炬成灰泪始干。为了我们的健康成长，他们默默付出，不求回报。教师节快到了，你想对老师说些什么呢？先拿笔写一写，再交流。

建议：我们可以把要说的话写成一封信，做成一张贺卡，写成一首诗，录制一段视频，改编歌词唱一首歌……不管什么方式，只要让老师感受到我们的心意，都是好的方式。相信我们的感恩与祝福，能让老师疲惫的心开出温馨的花朵。

**3. 诗朗诵《感谢您，老师》**

老师，我想对您说——

您的音容笑貌，时常展现在我的眼前；

您的关心爱护，一直萦绕在我的脑海；

您的谆谆教导，至今铭记在我的心头。

是您，给了我学习的自信；

是您，给了我生活的勇气；

是您，给了我奋发的动力。

老师，我想对您说——

您是我打开幸福之门的金钥匙；

您是我生活航程中的引路人；

您是我奏响人生乐章的指挥家。

老师，我想对您说：我深深地感谢您！

**环节三：尊师故事会**

1. 名人尊师故事

中华民族，自古以来是尊师重教的民族，无数仁人志士，都是尊师的典范。课前，同学们收集了许多尊师故事，先组内交流，然后各组推选一位代表上台交流。例：

《程门立雪》：北宋时期，有个叫杨时的。有一天，他与学友游酢因对某个问题看法不同，一齐去老师家请教，老师是当时的大学问家程颐。老师正在屋中打盹儿，他们不惊醒老师，静立门口耐心等候。一会儿，天上飘起鹅毛大雪，游酢几次想叫醒老师，都被杨时拦住了。老师一觉醒来，门外积雪已有一尺多厚，才赫然发现两个"雪人"！

《毛泽东敬酒》：1959年6月25日，毛泽东同志来到阔别32年的故乡韶山，他特意邀请自己在私塾读书时的教师毛禹珠一齐用饭，席间热情为老师敬酒。毛禹珠不胜荣幸，感慨地说："主席敬酒，岂敢岂敢！"毛主席却笑盈盈地回答："敬老尊贤，就应就应！"

《朱德让座》：1959年，朱德同志在云南政治学校礼堂看戏。开演前，一位年逾古稀的老人由服务员引了进来，朱德一眼便认出，那位老人是自己早年在云南陆军讲武堂学习时的教官叶成林，急忙起身向前，立正敬礼，礼毕又紧紧握住老人的双手将座位让给老人，待老人坐定后，他自己才坐下。

《彭总穿便服见老师》：1957年8月1日是中国人民解放军建军30周年纪念日，这一天，彭德怀元帅身穿便服，准备接见北京市部分中小学教师代表。工作人员提醒他说："彭总，您是国防部长，应着军服才好。"彭总说："这天是去见老师，学生见教师就应穿便服。"

2. 说说自己的尊师故事

听完故事，同学们有什么感想呢？说一说。

一日为师，终身为父。为学莫重于尊师。希望同学们向他们学习，拥有一颗感恩的心，永远不忘老师的教诲之恩。你平日里尊敬老师吗？是怎么做的？也给大伙讲讲自己的尊师故事。

小结：一句亲切的问候，一双专注的眼神，一次端正的作业，一个真诚的微笑，都能表达我们对老师的尊敬和感恩。(板书：感恩)

3. 小辩论

可是，有的同学认为老师不关心他，不喜欢他，因此满心怨恨，我们来听一段小强的录音。

播放录音：我觉得王老师一点也不爱我。我字写得不好，他批评我，还让我重写；我不小心把垃圾扔在垃圾桶外面，他批评我，非让我捡起来不可；我不小心说了一句粗话，他还批评我，给我讲一大堆道理。

辩论：你觉得王老师爱小强吗？为什么？请双方推荐3名代表上台辩论，其他同学为后援团。

小结：不管是春风化雨的鼓励，还是铁面无私的批评，都饱含着老师对学生的爱与期待。帮助学生养成一个优点和改掉一个缺点同样重要，这就是教师的责任。为了帮小强改掉缺点，老师处处留心，时时提醒，小强不但不感恩，还对老师耿耿于怀，真是不应该。

**环节四：万世师表陶行知**

1. 诵读名言

"捧着一颗心来，不带半根草去。"

"千教万教教人求真，千学万学学做真人。"

"我是中国人，我爱中国。"

"爱满天下，乐育英才。"

"道德是做人的根本。"

同学们知道这些名言是谁说的？（示图：陶行知）

2. 认识陶行知

陶行知是一位怎样的老师呢？让我们来聆听复旦大学熊浩老师在"我是演说家"中的演讲《万世师表》。（播放录像）

演说词精彩片段：陶行知脱下西装，辞掉自己大学教授的优渥待遇，推展平民教育。这是什么概念各位，陶行知在当时一个月的收入是400个现大洋，那个时候若在北京要想买整一套四合院，不过花费他三个月的薪水。而这一切，陶行知统统不要了。他移居到南京郊外的晓庄，这是一个极为落后贫困的中国普通村落，他住到牛棚当中。他和老乡们相识，他渐渐有一个看上去不可实现的愿望，那就是为中国培养100万农村教师。

陶行知行走在世俗乡里之间，行走在街头巷议之内，他要帮助那些最普通的中国人，那些年迈的爷爷奶奶，那些富人家里面的佣人，那些财主家的帮工，那些街头的打杂者，那些货场的脚力，那些拉洋包车的师傅们，都识字……在武汉、在重庆、在上海、在南京，他为中国教育的崛起一直在路上，而最后先生死在路上……

3. 交流感想

听了熊浩老师的演讲，你觉得陶行知先生是一个怎样的人？

小结：陶行知先生为中国的教育事业奉献一生、倾尽所有，他以崇高的品格、伟大的理想、勇于实践的精神，受到了亿万人民的敬仰，堪称"万世师表"。让我们向陶先生致敬，向全天下的老师致敬。（板书：致敬）

板书：

**我爱您，老师**

感恩　致敬

# 军事体育嘉年华

9 月的第三个星期六　全国国防教育日

【教学目标】

1. 在趣味军事体育游戏中，感受童年的烂漫和快乐。

2. 在活动中增强体质，增长智慧，提高沟通与合作能力。

3. 增加对国防知识的了解，从小树立国防意识。

【适用年级】小学各年级

【教学准备】准备活动器材、规划活动场地；环境布置

【教学过程】

**环节一：室内军事体育游戏**

1. 军棋对弈

游戏规则：按能力高低，将全班同学分成 3 组，组织军棋比赛，以自主报名的形式进行，抽签决定序号，进行小组轮流赛。

2. 谁是卧底

游戏规则：以 6 人为一组，5 人拿到的是同样的词语，1 人拿到的是不同的词语。每人每轮用一句话描述自己拿到的词语，但不能让卧底察觉，还要给同伴以暗示。每轮描述完毕，6 人投票选择谁是卧底，得票最多的人出局。若每个人的得票数都不满50%，则没有人出局，游戏继续。反复 3 轮，若卧底撑到第三轮仍没有出局，则卧底获胜，反之5 人获胜。

3. 狙击手

游戏规则：用小标志筒在远近不同的范围内摆好，作为投掷目标；用旧报纸做成纸团进行投掷，投中最远的目标得5分，中间的得3分，最近的得1分，每人每轮可投10次，计总分。

4. 军事知识竞赛

游戏规则：按必答题（每题10分）、共答题（每题20分）、抢答题（每题30分）三类进行比赛，抢答题答错倒扣30分。

**环节二：室外军事体育游戏**

1. "我是小小侦察兵"（匍匐前进+钻圈+数黄豆）

军情描述：百米之外，有一个鬼子的据点，里面有多少个鬼子呢？请"小小侦察兵"匍匐过一条暗沟，钻过孔圈，进行侦察。

游戏规则：

（1）用"迷彩溜溜布"铺地作"匍匐带"，长20米，限高0.5米。

（2）穿过匍匐带后，进行80米钻圈跑，可设8个圈。

（3）到达终点后，数一数盒子里的黄豆，一粒黄豆代表一个敌人，填写"侦察记录单"（如下表），由游戏负责老师现场评判侦察结果是否正确。

（4）根据侦察所用时间和结果，评选"优秀侦察兵"，颁发证书（如下）。

| "我是小小侦察兵"侦察记录单 | 优秀侦察兵 |
|---|---|
| （　　）号侦察员<br>侦察结果：前方有（　　）个敌人<br>侦察结果是否正确：（　　） | ××学校<br>×年×月×日 |

2. "越过雷区"（跨轮胎+跨栏+获取胜利小旗）

军情描述：接到命令，我们要赶往前线进行增援。兵贵神速，越过雷区是一条捷径，但非常危险，一定要注意安全。

游戏规则：

（1）将20个轮胎接连排成一条直线，踩在轮胎上行进，如果脚掉下轮胎，等于踩到地雷，淘汰。

（2）走过轮胎后，进行80米跨栏跑，设8个栏，高度按学生身高设定。

（3）到达终点，领取用棒棒糖做的"胜利"小旗。

（4）根据所用时间，评选"优秀增援兵"，颁发证书。

3. "运伤员送军粮"（抬担架+背米袋）

军情描述：敌人火力很猛，前线很多战士受伤了，医疗队必须以最快的速度赶往前线，将伤员转移到安全的地方。在运送伤员的过程中，单架一定要保持平衡，如果伤员不小心掉落，情况会变得更加危险。运完伤员，回来时每人要背回一袋军粮。

游戏规则：

（1）2人合作，抬迷彩单架，单架上放一个物体代表伤员，在物体上贴"伤病员"3个字，在运送的过程中物体不能掉落，如果掉落，要捡起来放好继续前进。

（2）把"伤员"抬到终点后，要背回一袋军粮（根据年龄设置一定重量的米袋，米袋上贴"军粮"二字）。面对面接力进行，可将全班同学分成若干组，进行小组比赛。

（3）根据所用时间和完成情况，评选"优秀救护兵"，颁发证书。

4. "摸石头过河"（搬砖）

军情描述：现在，我们的军队要蹚过一条河，河上没有桥，只有3块石头，我们只能摸着石头过河。要求是，脚必须踩在石头上过河。

游戏规则：

（1）将全班同学分成 2 组或 4 组进行接力赛。

（2）各组准备 3 块特制游戏砖，脚必须踩在砖上，接力搬运，到达终点。

（3）评选"优秀渡河兵"，颁发证书。

5. "开坦克"（多人滚动彩虹圈）

军情描述：坦克是陆地上的"军事霸王"。现在，我军要穿过一片沼泽，必须要开动坦克。坦克最重要的是履带式轮子，不会陷入沼泽。

游戏规则：

（1）5~6 人一组，站在"车轮中间"（用迷彩布做成大圆圈），用脚踩，用手撑。

（2）一起滚动彩虹圈，到达指定地点。注意，前进的过程中，多人要手脚协调，轻重适宜，不然"坦克"就会散架。

（3）评选"优秀坦克手"，颁发证书。

6. "送鸡毛信"（青蛙跳+过独木桥+翻越障碍+走过木桩）

军情描述：鬼子进犯村落，准备拦截正在送鸡毛信给八路的海娃。海娃必须突破一步步关卡，最终将鸡毛信成功交给八路军。

游戏规则：

（1）将"鸡毛信"藏在身体最安全的地方。

（2）以"蛙跳"的方式穿过一个宽 20 米的"池塘"。

（3）走过一条长 20 米的独木桥。

（4）翻过一个 1 米多高的障碍物。

（5）走过一段木桩。

（6）将鸡毛信送到"八路军"手里。

（7）根据所用时间，评选"机智小海娃"，颁发证书。

7. "扔手榴弹"

游戏规则：用废报纸做成手榴弹，进行定点投掷，谁投得远，谁获胜。

8. "占领制高点"

游戏规则：哪一组先将小红旗插到指定位置，哪组胜利。

9. "三军会师"

游戏规则：司令部将全班同学分成3组，各组选好组长，司令员给各组一个信封，信封里说明每组要完成的任务，如从哪里出发，经过哪些地方，最后到达哪里，经过一个地方要插一面红旗。最后实现三军会师，合影留念。

10. 真人版"军棋对弈"

游戏规则：每个学生代表一个军棋，戴上头饰，双方由"军师"和"司令"指挥排兵布阵，以占领对方据点为胜。

注：以上游戏仅供参考，可根据实际情况，自主设定游戏场地和规则。


活动横幅：

**军事体育嘉年华**

# 梦想启示录

9 月 20 日　公民道德宣传日

【教学目标】

1. 认识梦想的重要性，明白要实现梦想，必须不懈努力。

2. 明白只有将个人的梦想和祖国、民族的梦想结合在一起，才能成就真正伟大的梦想。

3. 学习身边榜样，评选"明日之星"。

【适用年级】小学高年级，初中

【教学准备】收集为实现梦想不懈努力并取得成功的名人故事。

【教学过程】

**环节一：两颗种子的启示——心怀梦想不得过且过**

1. 情境表演《两颗种子的对话》

种子姐姐：（伸了个懒腰）妹妹，妹妹，快醒醒，快醒醒，春天来了！

种子妹妹：（很不情愿地睁开眼）干吗那么激动？我还没睡够呢。

种子姐姐：（期盼地）春天是万物生长的时节，我要向下扎根，让生命在土壤里变得坚强；我要让茎叶随风摇摆，欢迎春天的到来；我还要开出美丽的花朵，去接受风雨的洗礼，去沐浴灿烂的阳光。

种子妹妹：（无精打采地）我可没有你那么美的梦想。我若向下扎根，也许会碰到坚硬的石块；我若往上生长，可能会折伤脆弱的嫩茎；我若长出幼芽，难保不会被蜗牛吃掉；我若开出美丽的花，只怕小孩看了会将我连根拔起。我们现在的日子不是挺好的吗？过一天是一天吧。

种子姐姐：哎，你呀！

从两颗种子的对话中，听出了什么？

2. 诵读赞美诗

一位诗人走过，为种子姐姐写下了一首赞美诗。念一念：

是你，带着强烈的渴望在泥土里发芽

是你，伴着艰辛的汗水在风雨中成长

是你，用阳光般坚定的信念

用春草般昂扬的斗志

用烈火般燃烧的激情

谱写了一首歌，一首生命的赞歌

梦想，是成功的起点

汗水，是最美的记忆

3. 揭示启示

从两颗种子的不同命运中，你得到了怎样的启示？

小结：一位名人曾经说过："一个人可以非常清贫、困顿、低微，但是不可以没有梦想。只要梦想存在一天，就可以改变自己的处境。"梦想是一颗小小的种子，只有努力向上，生命才能像花一样美丽精彩。（板书：心怀梦想）

**环节二：一段相声的告白——坚定执着不三心二意**

1. 相声表演《立志》

甲：今天，我郑重地向大家宣布，我很失败，处处不如人。

乙：不如谁啊？你不挺好的吗？

甲：杨利伟38岁飞天了，贝多芬4岁开始开始作曲了，葫芦娃生下来就能打妖精了，我已经 13 岁了，却一事无成。

乙：奥特曼从小就会打怪兽，张无忌小小年纪就有一身武功走遍江湖无敌手。那都是传说，再说你急什么呀，想成功得先立志。

甲：对，想成功要先立志。从小父亲就教育我："孩子，一个成功的人，首先得知道自己想要什么。"

乙：那你要什么？

甲：旺仔小馒头（表演动作）、天线宝宝玩偶。

乙：这算什么志向。

甲：这不一样吗？

乙：你的理解有问题，这个志向得重新立。

甲：好吧，那从现在开始，我立志当一名歌手。

乙：歌手可不好当啊，来一句试试。

甲：（陶醉地唱）路边的野花，你不要采……

乙：不采白不采，采了也白采。

甲：干什么你？拆我的台不成？

乙：调都跑成这样了，想当歌手，简直是癞蛤蟆想吃天鹅肉。

甲：不行？

乙：真不行？

甲：得换？

乙：换个志向。

甲：嗯，有了！我在朗诵方面在班级里可称得上三号选手！

乙：三号选手？那一号二号呢？

甲：不是被 A 和 B 抢先占领了嘛。

乙：嗯。

甲：但我不气馁，宝剑锋从磨砺出，梅花香自苦寒来。我练啊练，练啊练，练啊练，练啊练。啊！祖国，伟大的祖国！（吊起嗓子）

乙：行了，别练了，都成公鸭嗓了。

甲：结果第二天，邻居家的一个小孩说：大哥哥，你家昨天是不是杀鸡了呀，怎么我老听到"啊啊啊"的声音，太可怕了！

乙：别灰心，小孩子的话别当真。

甲：为什么？为什么？我的志向总不能实现？哎，喝凉水都塞牙啊！

乙：别难过，做什么事情都得慢慢来。莫言57岁获诺贝尔文学奖，姜子牙80岁做丞相，佘太君100岁挂帅，你急什么呀？你才13岁，还是早上八九点钟的太阳。

甲：对对对，俗话说：世上无难事，只怕有心人。

乙：蜗牛不是说了吗，梦想再大也不嫌大，梦想再小也不算小。还得从自己的实际出发，好好立个志向。

甲：那你的志向是？

乙：问你呢，怎么反而问起我来了。

这段相声惹得同学们笑声不断，你在笑什么？

小结：是啊，这样三心二意，什么事都做不好，什么梦想都不能实现。你见到过类似的情况吗？

2. 写下梦想

确立梦想需要经过再三考量，要从自己的实际情况出发，一旦确立，就不能轻言放弃。你准备给自己确立一个什么样的志向或梦想呢？请同学们认真思考，在"梦想卡"写下梦想。请各组推荐两位代表上台交流"梦想卡"。

希望同学们能坚定执着地为自己的梦想努力，不要像相声中的张大龙三心二意。（板书：坚定执着）

**环节三：一则寓言的思考——脚踏实地不急于求成**

梦想不是一张小小的纸片，不是一句豪言壮语，我们更不能让梦想成为空想。梦想需要我们实实在在地去规划，脚踏实地地去努力。可是，有一位少年，他却等不及了。

1. 讲述寓言

有一位少年，一心想练好武艺早日成名，于是，他拜一位剑术高人为师。刚见到师父，少年就迫不及待地问："师父，我多久才能学成？"师父说："10年。"少年又问："如果我全力以赴，夜以继日地学，要多久才能学成？"师父说："那就要30年。"少年满心疑惑，但还不死心，继续追问："如果我拼死修炼，要多久才能学成？"师父冷冷地说："70年。"

2. 交流心得

不是说天才出于勤奋吗？为什么少年愿意下这样的苦功反而不能快速地学成武功，实现不了自己的梦想呢？

中国有句古话，叫欲速则不达。请看下面一组数据，同学们看懂了什么？

> 爱迪生——历时13个月，试验7000多次发明电灯
> 曹雪芹——历时10年编写《红楼梦》
> 司马迁——历时13年编写《史记》
> 李时珍——历时29年编写《本草纲目》
> 莫　言——57岁获诺贝尔文学奖
> 姜子牙——80岁做丞相……

小结：成功需要积淀，只有脚踏实地，一步一个脚印地去努力，才能真正实现自己的梦想。（板书：脚踏实地）

**环节四：一个真实的故事——持之以恒不轻言放弃**

古今中外，所有成就梦想的人都是靠着这种坚定执着的信念和脚踏实地的精神才取得成功的。同学们知道吗？在常熟，就有这样一位了不起的阿姨。

1. 观看钱敏丹事迹录像

录像简介：钱敏丹，现代霍金，全身只有3根手指能动。她通

过努力，考上了大学，取得了南京师范大学的心理学大专学历，并且获得了北京师范大学颁发的心理咨询师证书。她开网店，自力更生。2013年5月，在家人和志愿者的陪护下，登上了川藏线的第一高峰——米拉雪山，成为攀上这座高峰的第一位重残人士；2012年6月，她和妹妹钱敏艳一起走进了中央电视台综艺频道《向幸福出发》栏目；她还用键盘敲出了一本书《活着的一百个理由》。

2. 交流感受

老师看到了，同学们的眼睛里满含敬意，为什么而感动？

小结：是啊，实现梦想的过程是漫长而艰辛的，但只要我们像敏丹阿姨一样坚持不懈、不屈不挠，就一定能取得成功。

（板书：持之以恒）

**环节五：评选"明日之星"——树立身边榜样**

1. 分组讨论，推荐"明日之星"

> 我们组推荐的"明日之星"是 _____，我们准备给他命名为"__星"，因为 _____（可举个小例子）。

2. 交流汇报，集体评议

掌声欢迎五位"明日之星"上台，接受奖牌并谈谈获奖感言。

小结：希望我们的"明日之星"一往无前，早日实现自己的梦想。同时也希望大家以他们为榜样，早日确立目标。只要目标专一而不三心二意，持之以恒而不半途而废，相信每个同学都能成为"明日之星"。

**环节六：了解中国梦——汇聚梦想小种子**

1. 中华民族的梦想

个人有个人的梦想，国家有国家的梦想，那我们中华民族的梦想又是什么呢？让我们来听一听习近平总书记的话（播放录像）。听了习爷爷的话，你明白了什么？（中华民族的梦想就是实现中华

民族的伟大复兴)

2. 汇聚梦想小种子

你的梦，我的梦，亿万个梦连起来，就是我们的中国梦。个人的梦和国家民族的梦一脉相连、息息相关，每个人实现了自己的微梦想，我们的民族就能实现"中华复兴"的大梦想。你的梦想是什么呢？请拿出笔，写在"梦想种子卡"，并进行小组交流。

让我们把梦想的小种子汇聚到这颗象征着中国梦的大种子里来，（示中国版图，学生上台贴"梦想种子卡"）让它开花，结果。


板书：

梦想启示录
心怀梦想　坚定执着
脚踏实地　持之以恒

# 最美的人

9 月 20 日　公民道德宣传日

【教学目标】

1. 用自己的眼睛，发现生活中"最美的人"。

2. 明白"美"的真正内涵，激励学生发现美、欣赏美、传播美、践行美。

【适用年级】小学高年级，初中

【教学准备】各小队调查、整理材料，设计展示内容和形式

【教学过程】

**环节一：寻找美，发现美**

法国大雕塑家罗丹曾经说过："生活中并不缺少美，而是缺少发现美的眼睛。"当我们擦亮双眼，满怀期待地去凝视，你会惊奇地发现，原来，美就在我们身边。山有山的静默，水有水的灵动，花有花的芬芳，草有草的欢乐，大自然的万事万物都有它美好的一面。自然如此，人亦如此。

前不久，学校发出了"寻找最美的人"活动倡议，号召同学们捕捉生活中"最美的人"的最美瞬间，下面请各小队进行汇报：

1. "向阳花队"汇报——最美的伙伴

大家好，我们是"向阳花"小队，我们把寻找"美"的范围确定在校园。经过长时间观察、地毯式搜索，我们发现了身边最美的伙伴。

94

（1）校园里的"最美伙伴"。（依次示图）看，这位一年级小妹妹多可爱，大眼睛、圆脸蛋，看到老师和同学都会有礼貌地打招呼；他是个举止大方、乐观自信的阳光少年，脸上常挂着灿烂的笑容；她是学校的绘画高手，绘画作品经常在比赛中获奖；他是学校的大队长，每周一的升降仪式都由他负责；他们是学校篮球队的队员，他们在操场刻苦练习的身影成了校园最靓丽的风景……

（2）我们班的"最美同学"。表演快板。（依次出示图片）

最美班长钱军里，服务周到他心欢喜；

最美书虫张佳妮，一门心思往书里去；

最美学霸王佳裔，功课她门门得第一；

最美课代表赵紫奕，收发作业她不忘记。

最美百灵鸟周奕霖，她的歌声能迷倒你；

最美活雷锋倪永涛，群众的冷暖记心里；

最美棋手浦愈璘，她能和男生比高低；

最美百科张乐乐，天文地理他装心里。

最美口才是吴悠，吐沫横飞你别在意；

最美笑星属李泉，他说小沈阳是他弟；

最美好脾气金雨辰，说他什么都不会介意；

最美女汉子艾琳蕙，敢作敢为她不怕风雨。

音乐的流水旋律的河，心灵一碰就是歌；

师生情谊浓，温馨暖融融；

耳听为虚，眼见为实，欢迎来做客，

来做客！

2. "小黄鹂队"汇报——最美社区人

（1）大家好，我们是"小黄鹂队"。请欣赏我们根据发现的"美人美事"编排的情景剧《走一路美一路》。（4个场景用音乐《春天在哪里》衔接）

场景一：十字路口。看到一位交警在边吹口哨边指挥交通，一个戴小黄帽的学生扶一位老奶奶过马路。

场景二：小区里，王伯伯为老人免费理发。

场景三：社区志愿服务站，志愿者在为社区孤老做饭。

场景四：疫情期间，医护人员奋斗在抗疫第一线。

（2）巴金爷爷说："人活着不是为了白吃干饭，我们活着就是要给我们生活其中的社会添上一点光彩。这个我们办得到，因为我们每个人都有更多的爱，更多的同情，更多的精力，更多的时间，比维持我们自己生存所需要的多得多。只有为别人花费它们，我们的生命才会开花。"我们看到的最美社区人，用行动践行着友善、敬业、诚信、奉献，他们是我们的榜样。

3. "仙人掌队"汇报——最美榜样

（1）大家好，我们是"仙人掌队"。我们要给大家介绍钱敏丹阿姨的故事。钱敏丹（示图），常熟市董浜镇旗杆村人，从小患了一种类似小儿麻痹症的怪病，2岁不能行走，10岁不能扶着东西站立，13岁不能坐直，16岁手臂无法举起，20岁手臂无法移动，25岁拿不动书本，如今，她全身只有两根手指能动。但是，她不屈服命运的安排，对生活依然充满着渴望和梦想。她在淘宝开网店，报考并自学了南京师范大学的心理学大专，并用3年的时间完成了25万字的自传体小说《活着的一百个理由》。敏丹阿姨不甘心一辈子躺在床上，她想看看这个世界，2013年5月，她在家人和志愿者的陪护下，登上了川藏线的第一高峰——米拉雪山，成为攀上这座高峰的第一位重残人士。

（2）了解了敏丹阿姨的故事，我们为她创作了一首小诗，请欣赏：

**女：是你，带着强烈的渴望在泥沼中挣扎；是你，伴着艰辛的汗水在风雨里成长。**

男：是你，用阳光般坚定的信念，用春草般昂扬的斗志，用烈火般燃烧的激情，写成了一本书，一本凝聚着痛苦与欢乐的《活着的一百个理由》。

女：你的微笑是流淌的溪水，你的执着是不灭的火炬。

合：你用坚强的意志和不屈的精神告诉我们——心怀梦想，自强不息，生命就能创造奇迹。

您，是常熟的骄傲；您，就是我们身边最美的人。

4.“君子兰队”汇报——平凡英雄

（1）大家好，我们是“君子兰队”。这是我们小队制作的手抄报，主题是“最美的人”。我们小队通过报纸、新闻、网络，收集了许多震撼人心的平凡英雄的故事。

（2）介绍人物事迹

最美战士高铁成，不顾个人安危，3 次冲向火海，排险救人；最美女教师张丽莉，千钧一发之际将学生推开，自己却被碾到车下，造成双腿截肢；最美妈妈吴菊萍，当陌生女孩从 10 楼坠落，她伸开双臂，以柔弱的姿态托起了生命的希望；最美乡村女医生钟晶，她独自坚守大山深处，用精湛的医术和贴心的服务为当地少数民族群众解除病痛；最美司机吴斌，当不明飞行物砸碎前窗玻璃，刺穿他的腹部，他强忍剧痛将车停稳，并提醒车内 24 名乘客安全疏散；最美抗疫英雄钟南山，2020 年在疫情最危急的时候，他来到武汉指挥战斗；最美爷爷袁隆平，他用一生的奋斗解决了 14 亿人的吃饭问题……

**环节二：践行美，传播美**

1. 各小队设计“践行美”口号，展示汇报。
2. 宣读《“做最美的人”倡议书》

---

**倡议书**

同学们：

　　青青校园，大雅之堂，细心呵护，才得以春意常在；

　　莘莘学子，勤奋刻苦，孜孜以求，才得以累累硕果；

　　和谐相处，尊老爱幼，言行相随，才得以蔚然成风；

　　心存感恩，忠于职守，默默坚守，才得以发扬光大；

　　锐意进取，无私奉献，勇往直前，才得以变为现实。

　　做最美的人，行最美的事，你的心灵会更加开阔，一片光明。

---

3. 课堂总结

　　外表美让人赏心悦目，语言美让人如沐春风，举止美让人肃然起敬，心灵美更让人为之动容。做最美的人，不应该只是一句口号，更应该成为我们内心深处的最真挚的呼唤和追求。让我们继续去寻找美、发现美、践行美、传播美，愿美陪伴我们生活的每一天，愿我们能创造更加美好的未来。

　　板书：

**最美的人**

寻找美　发现美　践行美　传播美

# 爱牙护齿　健康幸福

9月20日　全国爱牙日

【教学目标】

1. 了解牙齿的构造和功能，知道牙齿不同阶段生长发育的特点。

2. 保护牙齿，从小做起，从现在做起。

【适用年级】小学中、高年级

【教学准备】各小队调查、整理材料

【教学过程】

**环节一：认识我们的牙齿**

1. 牙体的组织构造

每个人都有牙齿，但很多人却不了解牙齿的组织构造。下面请生活委员为大家介绍。

示图介绍：牙齿的构造分为牙体组织和牙周组织。牙体组织分为三部分：位于口腔内，肉眼可见的部分称为牙冠；位于牙槽骨内，不能看见的部分称为牙根；在牙冠和牙根之间，还有一部分非常窄的称为牙颈部。

2. 牙齿的组成

普通人一生一般都有两副牙齿，一副是乳牙，一副是恒牙。乳牙一般是20颗左右，从出生之后6个月到2岁之间，乳牙会逐渐萌出。6岁以后，恒牙开始萌出，乳牙脱落，一般到13~14岁，形成

恒牙列。恒牙一般是 28~32 颗（其中 4 颗智齿，一部分人在成年后
会生长 4 颗智齿，但是也有人并不会生长智齿）。

3. 诵读护牙歌

小小牙齿用处大，吃饭说话都靠它。

吃过食物漱漱口，早晚记住把牙刷。

天天用它要爱护，少生病来健康佳。

**环节二：你的牙齿健康吗**

1. 调查汇报

### "牙健康"调查情况表

| 调查对象 | 牙齿情况 | 不良症状 | 与之相关的不良生活习惯 |
|---|---|---|---|
| 自己 | | | |
| 爸爸、妈妈 | | | |
| 爷爷、奶奶 | | | |

出示资料：口腔健康标准

1981 年，世界卫生组织制定了口腔健康的标准：牙齿清洁、无
龋洞、无疼痛感、牙龈颜色正常、无出血现象。"让 80 岁的老人拥
有 20 颗功能牙"是世界卫生组织倡导的"8020 标准"。对照标准，
说说你和你的家长牙齿健康吗？

2. 问题牙齿的自述

根据以上同学们的交流，结合漫画，请 7 位同学以"问题牙齿
自述"的方式，介绍不健康牙齿的成因、危害及拯救办法。

| 名　称 | 造成成因 | 危　害 |
|---|---|---|
| 大黄牙 | 经常食用含有色素的食物或者长期吸烟造成。 | 影响美观，造成口臭。 |

续表

| 名　称 | 造成成因 | 危　害 |
|---|---|---|
| 瓜子牙 | 经常用牙嗑瓜子或者用牙咬硬物，就被磨出 V 型的凹槽。 | 遇冷遇热可能导致牙齿酸痛，可能出现牙齿自发痛等症状，牙齿受力过大可能折断。 |
| 虫牙 | 口腔中的细菌通过食物残渣、糖等产生腐蚀牙齿的酸性物质，久而久之，就变成了虫牙，也称"龋齿"。 | 造成牙齿炎症，形成龋洞，破坏牙冠。遇冷热可导致牙齿酸痛。 |
| 智齿 | 藏在口腔最深处，经常会以各种角度冒出，从而引发各种疼痛与问题。 | 不易清洁，导致出现龋齿或局部感染。易受细菌感染引发牙周炎，造成相邻牙齿的损伤。 |
| 敏感牙 | 遇热冷酸甜等刺激就能轻易传导致牙齿神经，引起牙齿疼痛。 | 冷热酸甜等会刺激引起牙齿酸痛，咬硬物或者受到摩擦，牙齿也会酸痛。 |
| 结石牙 | 由于口腔清洁不到位，牙垢逐渐沉积，形成牙结石。 | 可能造成牙周组织感染，可能引起牙龈发炎萎缩。 |
| 酸石牙 | 较长时间接触各类酸性物质，导致患上酸石牙。 | 对冷热酸甜等刺激较为敏感，容易出现裂缝、牙齿松动等情况，严重者牙冠大部分缺损或仅留下残根。 |

3. 小品表演《我们不一样》

**剧情简介**：4 个牙宝贝趁妈妈不在家，纷纷拿出藏起来的甜食美美地吃起来。亮亮、齐齐吃完后见康康还有糖，就去抢。3 个孩子闹做一团，小白劝大家去刷牙，妈妈回来发现大家偷吃甜食会生气的，大家都不听，睡觉去了。大家刚睡着，蛀虫王力红和苏打绿就在"鬼子进村"的音乐中上场了。"王力红"指挥着"苏打绿"咬 4 个孩子。大家疼醒了，满地打滚。这时候，孙医生上场，他打开蜂鸣器，蛀虫兄弟头疼欲裂。

讨论：欣赏完小品，同学们有什么启示？（板书：增强意识，严格自律）

**环节三：爱牙护牙秘诀**

1. "全国爱牙日"的由来

播放录像：1989年，由卫生部、教委等部委联合签署，确定每年9月20日为全国爱牙日。

2. 日常护齿小贴士

（1）多吃含钙的食物，少吃甜食和碳酸饮料等食物。

（2）多吃能促进咀嚼的食物。

（3）做好牙齿清洁。保持早晚刷牙的习惯，每次刷牙3分钟，每隔3个月换一次牙刷。

（4）掌握正确的刷牙方法。牙刷和牙齿保持45度角，每个位置至少要刷5下，上下轻刷，里外轻刷。对于一些难于清除的部位，还可以用漱口水和牙线配合。

（5）定期对牙齿进行清洁检查，发现小毛病及时治疗。

3. 现场设计"爱牙护牙宣传语"

请各小队设计爱牙护牙宣传标语，现场交流。

如：皓齿整齐微笑美，铜牙铁齿吃饭香。

伶牙俐齿显智慧，牙白口清事理明。

小结：希望同学们做爱牙护牙的小卫士，在爱护自己牙齿的同时，能主动向身边人进行宣传，让爱牙护牙的理念深植人心。

板书：

**爱牙护齿　健康幸福**

*增强意识　严格自律*

# 但愿人长久

农历八月十五　中秋节

【教学目标】

1. 从中秋诗词中感受中国古典文学的魅力。

2. 通过了解各地过中秋的风俗习惯，激发学生热爱家乡、热爱祖国的情感，体会家庭美满幸福。

【适用年级】小学中、高年级，初中

【教学准备】了解中秋节的来历；制作课件

【教学过程】

课前播放音乐《但愿人长久》。

**环节一：中秋诗韵**

"明月几时有，把酒问青天。不知天上宫阙，今夕是何年。"中秋，中华民族三大传统节日之一，是一个最具浪漫与温馨的节日。在明月初上的美妙时刻，无论天南与海北，不论相聚与离别，且把思念遥相寄。从古到今，无数文人墨客为中秋写下诗篇，请各小组诵一诵、唱一唱或演一演你们最喜欢的中秋诗。如：

《月下独酌》（唐 李白）

花间一壶酒，独酌无相亲。举杯邀明月，对影成三人。

《静夜思》（唐 李白）

床前明月光，疑是地上霜。举头望明月，低头思故乡。

《古朗月行》（唐 李白）

小时不识月，呼作白玉盘。又疑瑶台镜，飞在青云端。

仙人垂两足，桂树作团团。白兔捣药成，问言谁与餐？

《望月怀远》（唐 张九龄）

海上生明月，天涯共此时。情人怨遥夜，竟夕起相思！

《嫦娥》（唐 李商隐）

云母屏风烛影深，长河渐落晓星沉。

嫦娥应悔偷灵药，碧海青天夜夜心。

**环节二：话说中秋**

1. 中秋节的由来

中秋节来历1：农历八月十五正好是秋季的二分之一日，所以被称为"中秋"。最初这一天被定为古代帝王祭月的节日，慢慢就演变成了中秋节。中秋之夜，月色皎洁，古人把圆月视为团圆的象征，因此，又称八月十五为"团圆节"。古往今来，人们常用"月圆""月缺"来形容"悲欢离合"，客居他乡的游子，更是以月来寄托深情。

中秋节来历2：中秋节由嫦娥奔月的故事演变而来。后羿射掉了多余的9个太阳，西王母赏赐他一种成仙的药，他舍不得离开自己的妻子嫦娥，就把药交给嫦娥保管。八月十五这天，嫦娥偷偷吃了仙药，便直奔月亮去了。月宫虽好，却寂寞难耐，每年八月十五月圆夜清之时，嫦娥便悄悄返回人间与夫君团聚，但在天明之前又必须回到月宫。每逢中秋，世人既想登月与嫦娥一聚，又盼望嫦娥下凡一睹芳容。因此，许多人在焚香拜月之时，祈求"男则愿早步蟾宫，高攀仙桂……女则愿貌似嫦娥，圆如皓月"。年复一年，人们把这一天作为节日来庆祝。

中秋节来历3：中秋节由祭祀土地神演变而来。在秋季收获时，农民会祭祀土地神，农历八月十五正好是农作物收获的时节，因此逐渐演变成中秋节。

2. 中秋习俗

祭月、赏月：古代帝王有春天祭日，秋天祭月的社制，民家也有中秋祭月之风。到了后来，赏月重于祭月，严肃的祭祀变成了轻松的欢娱。中秋赏月的风俗在唐代极盛，（示图）我国各地至今遗存着许多"拜月坛""拜月亭""望月楼"的古迹。（示图）北京的"月坛"就是明嘉靖年间为皇家祭月修造的。每当中秋月亮升起，于露天设案，将月饼、石榴、枣子等瓜果供于桌案上，拜月后，全家人围桌而坐，边吃边谈，共赏明月。

播放视频：越剧《西厢记》片段"莺莺拜月"，感受古人对拜月仪式的重视。

**吃月饼**：月饼象征着团圆，月饼的制作从唐代以后越来越考究。（示图）苏东坡有诗写道："小饼如嚼月，中有酥和饴。"清朝杨光辅写道："月饼饱装桃肉馅，雪糕甜砌蔗糖霜。"看来，当时的月饼和现在已颇为相近了。

**燃灯**：中秋夜，灯内燃烛用绳系于竹竿上，高悬于瓦檐或露台上，或用小灯砌成字形或种种形状，挂于家屋高处，俗称"树中秋"或"竖中秋"。

**喝桂花酒**：中秋，正值桂花开放的季节，人们把桂花酿成酒，中秋之夜，边赏月边喝桂花酒。（示书法作品）毛泽东在《蝶恋花·答李淑一》一诗中写道："问讯吴刚何所有，吴刚捧出桂花酒。寂寞嫦娥舒广袖，万里长空且为忠魂舞。"

**环节三：中秋祈愿**

1. 制作"祈愿卡"

将中秋"祈愿卡"设计成自己喜欢的样子，如兔子状、月饼状、桂树状等，在上面写下自己的愿望。用彩线系在校园的廊前、树上，雅俗共赏。

2. 举行"月饼宴"

（1）介绍月饼的种类（观看视频）：

①按产地分：苏式、广式、京式、宁式、潮式、滇式等。

②按口味分：甜味、咸味、咸甜味、麻辣味。

③按馅心分：五仁、豆沙、冰糖、芝麻、火腿月饼等。

④按饼皮分：浆皮、混糖皮、酥皮三大类。

⑤按造型分：光面月饼、花边月饼和孙悟空、老寿星月饼等。

目前，全国月饼可分五大类：京、津、广、苏、潮。

近年来，新款式月饼层出不穷。有冰皮月饼、果蔬月饼、海味月饼、纳凉月饼、椰奶月饼、茶叶月饼、保健月饼、象形月饼、迷你月饼等。

（2）请同学把家里带来的各色月饼进行展示，有针对性地选一部分同学介绍自己所带月饼的相关知识，如所用原料、出产地、制作工艺等。

（3）将全班同学的月饼切成小块，贴上标签，共同分享。（板书：共享）

3. 齐唱《但愿人长久》

小结：但愿人长久，千里共婵娟。中秋，一个最具浪费与温馨的中国传统佳节，将我们与他们、将古人与现代人的心紧紧拴在了一起。花常开，月常圆，人常在！我们班也是一个团团圆圆的大家庭，愿我们在这个幸福的大家庭中共度幸福时光！齐唱《但愿人长久》。（板书：共度）

板书：

**但愿人长久**

共度　共享

# 小小人民币　拳拳爱国心

10 月 1 日　国庆节

【教学目标】

1. 了解人民币的相关知识，培养学生思考、探究的能力。

2. 学习爱护人民币的方法，增强自觉爱护人民币的意识。

3. 懂得爱护人民币是爱国的表现，激发学生的爱国情感。

【适用年级】小学各年级

【教学准备】收集人民币的有关资料；制作课件

【教学过程】

**环节一：引子《我在马路边，捡到一元钱》**

情景剧导入

A：看，我捡到一枚硬币，我们去交给老师吧。

B：1 元硬币，掉在地上这么脏，还是把它扔进垃圾桶吧。

A：这可不行！面值虽小，但也是我们国家的法定货币，上面刻有国徽，损害人民币就是在损害国家的尊严。

B：有这么严重吗？太夸张了吧。

A：你别不信。听说××班正在进行"小小人民币 拳拳爱国心"思政课，一起去看看吧。

**环节二：认识人民币，激发爱国情**

1. 漫游货币长廊，走进第五套人民币

示图介绍：大家看到的是我们正在使用的第五套人民币。这些用金属做的人民币叫"硬币",第五套人民币硬币分兰花一角、荷花五角、菊花一元。这些用特殊的纸做的人民币叫"纸币",有 1元、5 元、10 元、20 元、50 元、100 元 6 种面额,正面是毛主席在第一次政协会议上讲话的形象。在这些人民币上都印有代表国家主权、体现国家尊严的国徽图案。

齐诵童谣《国徽》:

五颗星,照天空,天安门,在正中,

齿轮麦穗红绸绕,看见国徽挺起胸!

2. 了解人民币反面图案,感受祖国山河壮丽、民族团结

第一小队介绍:我们小队研究的是 1 元人民币,它背面的图案是杭州西湖。湖水清澈,树林、拱桥都倒映在湖面上。湖上还有三个"香炉",是著名的"三潭印月"。在如画的西湖边走一走,看一看,怎不叫人心旷神怡。

齐诵:张宁《三潭印月》

片月生沧海,三潭处处明。

夜船歌舞处,人在镜中行。

第二小队介绍:这是 5 元纸币背面的图案。太阳正从东方升起,射出万丈光芒,此时的泰山在云海之中若隐若现。泰山是"五岳"之首,山势突兀挺拔,气势磅礴,颇有"擎天捧日"之势,唐代大诗人杜甫对它赞叹不已。

齐诵:杜甫《望岳》

岱宗夫如何?齐鲁青未了。造化钟神秀,阴阳割昏晓。

荡胸生层云,决眦入归鸟。会当凌绝顶,一览众山小。

第三小队介绍:我们小队研究的是 10 元人民币,它背面的图案是长江三峡。高低起伏的峡谷"守卫"在两边,中间的长江水向东流去,大诗人李白在《望天门山》里写道:"两岸青山相对出,孤帆一片日边来。"

第四小队介绍：我们小队研究的是 20 元人民币，知道这是哪里吗？"桂林山林甲天下"，这里不风光美，舞也很美哦。

欣赏舞蹈《月光下的凤尾竹》。

第五小队介绍：在中国西藏拉萨的红山之巅，有一座举世闻名的宫堡式古建筑群，这就是建于公元 7 世纪、距今已有 1300 多年历史的布达拉宫。50 元人民币背面就是雄伟的是布达拉宫，而 100 元人民币的背面是大家最为熟悉的人民大会堂。

3. 了解人民币背面文字，感受中华民族大团结

请同学们再仔细观察人民币，还有什么新发现？

（1）印章、年份……

（2）人民币上有 4 种少数民族文字，分别是蒙古文、藏文、维吾尔文、壮文，都是"中国人民银行"的意思。中国是个多民族国家，56 个民族 56 枝花，56 个兄弟姐妹是一家。

小合唱《彩色的中国》。

**环节三：回顾历史变迁，了解人民币的发展**

1. 认识人民币的变迁

从新中国成立至今，人民币也在随着国家经济的发展发生着变化。除了刚才我们了解的第五套人民币，第四套仍在流通，其他三套基本上已退出历史舞台。

2. 关于第三套人民币的故事

20 世纪 60 年代初，我们的国家还很贫穷。在一个记者招待会上，一位美国记者带着嘲弄的语气问周恩来总理："请问总理阁下，你们中国银行有多少人民币？"想以此来嘲弄当时中国的贫穷。周总理略加思索便说出一个数字——18 元 8 角 8 分。因为当时正使用第三套人民币，它的面值为 10 元、5 元、2 元、1 元、5 角、2 角、1 角，加之还流通着的 5 分、2 分和 1 分，合计为 18 元 8 角 8 分。周总理机智应对外国记者的刁难，维护了祖国的尊严，令人敬佩！

**环节四：爱护人民币，尽显爱国心**

1. 案例辨析

说说以下案例中的主人公，他们的做法对吗？为什么？

（1）小英心灵手巧，用许多张纸币折成了一个精美的装饰品。

参考：小英做法不对。人民币作为我国法定的流通货币，代表着国家的形象和尊严，每个中国人都有爱护人民币的责任和义务。

（2）一辆公交车的投币箱上贴着拒收硬币的告示。

参考：法律规定"以人民币支付中华人民共和国境内一切公共的和私人的债务，任何单位和个人不得拒收"，硬币也是人民币的一种，拒收硬币是错误行为。

（3）张奶奶有一张破旧的 5 元人民币，少了一个角，她不顾家人反对，要去银行兑换。

参考：张奶奶的做法是对的。法律规定，票面剩余四分之三以上具备规定特征的人民币，可全额兑换。

2. 歌唱人民币

### 小小人民币

小小人民币，小小人民币，少先队员爱呀爱护它！

方寸间，有高山，有河流，万里河山好呀好风光。

忆往昔，历史灿烂，看今朝，祖国腾飞展新貌。

小小人民币，拳拳爱国心。

爱护人民币，就是爱国家，就是爱国家。

**环节五：尾声（情景剧续演）**

A：同学们，你们都是好样的！我要向你们学习，做一名真正爱国的好少年！

B：我也是！通过你们的思政课，让我们更具体地了解了人民币，从而懂得了"热爱人民币就是爱国家"的道理。

A、B：再见！

板书：

**小小人民币　拳拳爱国心**

*热爱人民币　就是爱国家*

# 中国船

10月1日　国庆节

【教学目标】

1. 了解中国历史上与"船"有关的重大事件，感受中华民族辉煌的历史、灿烂的文化，近代史上的屈辱、抗争，以及中国共产党的诞生、新世纪的建设成就。

2. 激发学生的民族自豪感、历史使命感和对党对社会主义祖国的衷心热爱。

【适用年级】小学高年级，初中

【教学准备】了解中国历史；制作 PPT 课件

【教学过程】

**环节一：郑和宝船——辉煌的远航，灿烂的文化**

1. 走进光辉的历史

录音：历经五千年血与火，穿越八万里雷与电，中国船，从远古的神话中起航，沿着光荣与梦想的航线，带着盘古开天的神勇，带着夸父逐日的执着，带着精卫填海的壮烈，带着女娲补天的豪迈，劈波斩浪，迎风驶来。

出示郑和远航船队图：你们猜，这是什么时候的船？

出示航海路线图并介绍：这是明朝郑和远航的船队，为首的这艘叫"宝船"。公元 1405 年至 1433 年，明成祖朱棣命三宝太监郑和率领船队七下西洋，最远到达东非和红海。郑和远航的船队有多少规模呢？来看一组数据，谈谈感受？

> 船只数——240 多艘
> 海员人数——2.7 万多人
> 历时——28 年
> 先后拜访——30 多个国家和地区

小结：郑和下西洋是中国古代规模最大、船只最多、海员最多、时间最久的海上航行，比欧洲国家航海时间早几十年，是明朝强盛的直接体现，远远超过将近一个世纪之后的葡萄牙、西班牙，堪称是"大航海时代"的先驱。

2. 探索远航的秘密

600 多年前的明代，郑和宝船为什么能走在世界的前列？对此，第一小队进行了探索和研究，请他们上台汇报。

| 郑和远航成功的条件 | |
| --- | --- |
| 内部条件 | 发达的造船术 |
| 基本保障 | 罗盘、火炮等技术的发展 |
| 外部环境 | ①拥有当时世界上贸易量最大的几个港口<br>②世界上最强大的海军和大量的民船、商船 |
| 外部条件 | ①国家和地方的经济支持<br>②海员、明朝军队士兵、翻译官等人的共同努力 |
| 结论 | 国家经济、军事、政治等综合实力的强大，得以保障郑和远航的成功。 |

**环节二：致远战舰——屈辱的历史，沉痛的代价**

1. 撕开历史的创伤

中国船一路前行，彰显着泱泱大国的风范，挥洒着华夏子孙的豪情。（悲壮的音乐响起）可是，中国号的繁荣却引起了一群恶徒的贪念，他们妄想占领中国号。当船驶入近代，驶入半殖民地半封建社会的晚清，便搁浅了，风雨飘摇。（出示晚清致远号战舰图）知道这是一艘什么样的船吗？由请第二小队的同学上台介绍。

学生介绍：这艘船叫致远号，是清政府花费数百万两白银购买的北洋水师战舰。在1894年的甲午海战中，致远号弹药将尽，遭受重创，舰长邓世昌下令冲向日本舰队主力舰吉野号，欲与敌人同归于尽，不幸被鱼雷击中，全舰官兵246人为国殉难。（背景播放《甲午风云》电影片段）

诗朗诵：《黄海英魂》

2. 走进屈辱的岁月

曾经强大的中国船，为何会葬身海底？这背后到底有着怎样的原因？（清朝政府对内实行专制统治，对外闭关锁国、腐败无能）中日甲午战争以中国战败、北洋水师全军覆没告终。中国清朝政府迫于日本军国主义的军事压力，签订了丧权辱国的不平等条约——《马关条约》，将台湾全岛、辽东半岛、澎湖列岛割让给日本。读一读下面的列表，说说此时的心情。

| 中日《马关条约》 | | | |
|---|---|---|---|
| | 项目 | 内 容 | 影 响 |
| 主要内容 | 割地 | 割江东半岛、澎湖列岛、台湾及其附属岛屿给日本。 | 迫使台湾和祖国分离，刺激了列强瓜分中国的野心。此后，帝国主义各国争相在中国划分"势力范围"，中国民族危机进一步加深。 |
| | 赔款 | 赔偿日本军费白银2亿两。 | 加剧了中国人民的负担。外国列强通过清政府的贷款控制中国的经济命脉。 |
| | 开放通商口岸 | 开放沙市、重庆、苏州、杭州为商埠，日本轮船可沿内河驶入以上各口岸。 | 新开放的通商口岸，使帝国主义侵略势力深入中国内地。 |
| | 设厂 | 允许日本人在各通商口岸开设工厂，产品运销中国内地免收内地税。 | 进一步掠夺中国的原料和廉价劳动力，严重阻碍了中国民族资本主义的发展。 |

（出示中国近代不平等条约统计图）除《马关条约》，清政府还与英国、俄国、德国等签下了300多条丧权辱国的不平等条约。中国船受到了前所未有的摧残，残破不堪、摇摇欲坠，香港、澳门等孩子相继离开祖国妈妈的怀抱。中国船在黑暗中苦苦挣扎，人民在战争中痛苦地呻吟。

来听一听"七子"悲哀的心声吧。（聆听歌曲《七子之歌》）

**环节三：南湖游船——光明的政党，新生的时代**

1. 诞生伟大的政党

黑暗中，一条小船荡着新思潮的涟漪，敲响嘹亮的晨钟，载着中国驶进新的航线。（出示红船）看，这是一艘怎样的小船？下面有请第三小队为大家介绍：

学生介绍：结合组图，介绍党的诞生过程。

这条红色的小船，承载着民族的憧憬，寻找着改变中国命运的航向，多少英雄儿女用热血和生命为她劈开了一条血路。

讲述故事：《李大针》《夏明翰》《朱凡的故事》

小结：从1921年到1949年，300多万共产党人为国捐躯，他们用生命诠释了对党的忠诚，对人民的热爱。就是这样一群无畏的儿女啊，他们高举红色的圣火，把7月的天空点燃。就是这样一条红色的小船啊，在血雨腥风中不屈地前行。从赤水，从洪湖，从黄河，从长江……千万条船云集起一支庞大的队伍，开启了共和国新的征程。

2. 开辟新的征程

学生微演讲：雄鸡一样形状的土地，终于发出了黎明的报晓。1949年10月1日，新中国诞生了！中国船，再次扬眉吐气，直挂云帆济沧海！（播放中国GDP逐年上升曲线动态图）新中国成立后，党带领人民艰苦奋斗，自力更生，发展生产，改革开放，建设美丽中国。短短73个春秋，中国从一个连饭都吃不饱的落后国家，一跃成为令世界瞩目的社会主义强国。当看到国之重器上天入海，探索苍穹；当看到超级工程攻坚克难，刷新纪录；当看到中国智慧走出国门，领跑世界；当看到 9899 万农村贫困人口全部脱贫；当看到全国人民众志成城抗击新冠疫情……14 亿中国人从心底由衷的发出赞叹：没有共产党就没有新中国！一代又一代掌舵人，开辟着中国特色的新航线。

**环节四：宇宙飞船——先进的技术，飞天的梦想**

1. 梦圆飞天

（播放神舟十四号上天前的指示音）时光流转，我们是飞天的后代，古代的嫦娥奔月、敦煌的莫高窟承载着中国人飞天的梦想。经过长达 101 年的奋斗，中国不仅实现了飞天的梦想，还不断创造着飞天的奇迹。看，中国船，起飞啦！（播放神舟十四号飞船发射视频）它载着华夏儿女的梦想，载着无数科技工作者的智慧和心血，在浩瀚的宇宙留下了中国人的足迹。

2. 彰显国威

你知道神舟系列名字的由来吗？

观看视频介绍：从字面上看，"神舟"意为"神奇的天河之舟"，又是"神州"的谐音，象征着飞船研制得到了全国人民的支持，是四面八方、各行各业大协作的产物；同时，"神舟"又有神气、神采飞扬之意，预示着整个中华民族都将为飞船的诞生而无比骄傲与自豪。

接下来，第四小队要和大家进行航天知识竞赛。各小队准备好了吗？

| 航天知识我知道 | |
|:---:|:---|
| 1 | 神舟 2 号飞船是哪年哪月发射成功的？ |
| 2 | 发射神舟号飞船的是哪种型号的运载火箭？ |

续表

| 航天知识我知道 | |
| --- | --- |
| 3 | 乘坐神舟 5 号飞船的是哪位航天员？ |
| 4 | 为什么在太空中两个人面对面说话彼此听不见？ |
| 5 | 实现航天飞行为什么要采用多级火箭？ |
| 6 | 载人航天必须闯过哪四大难关？ |
| 7 | 中国有哪三座航天发射中心？ |
| 8 | 哪两位宇航员搭乘载人飞船"神舟 6 号"上天？ |
| 9 | 中国至今已发射哪些神舟号飞船？ |
| 10 | 神舟十三号上宇航员用冰墩墩做了什么实验？ |

**环节五：理想之船——坚强的决心，美好的未来**

1. 写下理想

请同学们把自己的梦想写下来。先组内交流，再集体交流。

让我们一起伴随着音乐，将自己的梦想折成纸船，汇聚到黑板报的"未来之海"上。让我们继承和发扬民族精神，乘长风破万里浪，齐心协力，同舟共济，让中华民族这艘历史之船，驶向更灿烂的明天！

2. 立下誓言

"国家兴亡，匹夫有责""少年强则中国强"，让我们面向中国船，面向五星红旗，齐诵梁启超先生的《少年中国说》（片段），向先人，向祖国立下誓言：中国的未来属于年轻一代，振兴中国，舍我其谁？

板书：

## 中国船

郑和宝船——辉煌的远航，灿烂的文化

致远战舰——屈辱的历史，沉痛的代价

南湖游船——光明的政党，新生的时代

宇宙飞船——先进的技术，飞天的梦想

理想之船——坚强的决心，美好的未来

# 动物是人类的朋友

10月4日　世界动物日

【教学目标】

1. 感知动物世界的奇妙、有趣。

2. 知道动物是人类的朋友，保护动物就是保护人类自己。

3. 做动物的"守护神"，能勇于向伤害动物的行为提出劝告。

【适用年级】小学中、高年级

【教学准备】了解动物的世界之最，观察你喜欢的动物；制作课件

【教学过程】

课前播放动物精彩视频集锦

**环节一：可爱的动物**

1. 我最喜爱的动物

动物是人类的朋友，因为有了动物，地球充满生机与活力；因为有了动物，我们的生活充满欢声笑语。你最喜欢哪种动物呢？

你和动物之间发生过哪些有趣的经历呢？说一说。

2. 故事链接

**《老人与海鸥》**：一位老人吴庆恒，为了喂食海鸥，每天徒步20余里到昆明的翠湖，去给他心爱的海鸥送吃的。老人和海鸥成了朋友，也成了翠湖的一道风景。后来老人去世了，好心的人们为老人做了一尊雕像，安放在翠湖边，好让老人永远望着他的海鸥，这

尊雕像叫作"海鸥老人"。

3. 世界动物之最

动物世界奇妙有趣，你了解多少呢？让"动物博士"来考考你。

（1）世界上最长寿的动物

出示：灯塔水母，是一种小型水母，直径约 4~5 毫米，身体透明能够看见红色的消化系统，状如灯塔。寿命最长可达 5000 年，它能从成熟期"轮回"到幼年，被称为不会死亡的动物。

（2）世界上体积最大的哺乳动物

出示：蓝鲸，寿命可达 90 年。长可达 33 米，重达 181 吨，身躯瘦长，背部青灰色，主要以小型的甲壳类与小型鱼类为食。

（3）世界上最高的陆上动物

出示：长颈鹿，由头到脚可达 6~8 米，体重约 700 千克。

（4）世界上长距离飞行速度最快的动物

出示：尖尾雨燕，中型空中鸟，一般呈熏褐色，有镰刀般的翅膀，羽毛短。飞行的速度为每小时 170 千米，最快速度可达每小时 352.5 千米。

（5）世界上最大的鸟

出示：鸵鸟，成鸟身高可达 2.5 米，雄鸟体重可达 150 千克，因为龙骨突不发达，所以不能飞行。

（6）世界上最聪明的动物

出示：黑猩猩，是猩猩科中最小的种类，体长 70~92.5 厘米，站立时高 1~1.7 米，能辨别不同颜色，能发出 32 种不同意义的叫声，能使用简单工具。

（7）世界上奔跑速度最快的动物

出示：猎豹，时速可达每小时 115 公里，如果人类的短跑世界冠军和猎豹百米比赛的话，猎豹可以让短跑冠军先跑 60 米，而最后到达终点的是猎豹。

（8）你还知道哪些动物的世界之最呢？也来说说吧。

4. 走近信天翁

（播放录像）地球上最能飞的鸟：成年信天翁一年飞过的距离可绕地球 3 圈，一只 50 岁的信天翁一生的飞行距离可超 600 万公里，相当于来回月球 8 次。

世界上最珍重爱情的生灵：信天翁超过 90% 的时间都在海上漂泊，但它们却记得那个几乎固定不变的家。人类难以做到的爱情故事，信天翁可以。它们一旦认定一个伴侣，便终身相依。最奇妙的是，它们能记住对方的音容笑貌，哪怕分隔数年，也能在茫茫大海中把那个"TA"辨认出来。

最贴心的父母：雌翁产蛋之后，夫妻两个轮流孵蛋，直到小宝宝破壳而出。在接下来的约 5~6 周时间，父母会轮流守护信天翁宝宝。直到某一天，小信天翁站起来，它扇动翅膀，忽然发现自己会飞了……飞起来的信天翁，搏击长空，扶摇万里，俨然天之骄子。

**环节二：动物之殇**

1. 信天翁的悲歌

海洋环境的日益恶化，让这种一直被视为神鸟的海洋精灵也难逃厄运。地球上 24 种信天翁全部在国际自然保护联盟的红色名录上。信天翁面临的最大威胁来自采用"延绳捕鱼"的大型渔船，被饵料吸引的信天翁很容易被钩网绞住，溺死水中。另外，海洋垃圾也是杀死信天翁的罪魁祸首……

2. 人类的罪行

人类的野蛮和无知，造成了野生动物数量急剧减少，以至于很多动物灭绝，造成生态平衡失调，环境恶化，人类自身生存受到威胁。课前，同学们收集了很多人类伤害、残害动物的资料，我们来交流一下。

小结：（播放动画视频）同学们知道吗？我们居住的这个地球曾经是动物的乐园。那时候，地球上气候温暖，水草肥美，到处是森林，到处是花香，各种动物按照自己的生活习性繁衍生息。可是随着时间的推移，人类逐渐成为地球的主人，人类做出了许多违背自然规律的事来，其中滥杀野生动物、破坏动物的生存环境就更是人类的劣行之一。

3. 情景剧《我们也有妈妈》

剧情梗概：小欣的妈妈买了一件裘皮大衣，妈妈非常兴奋。一家人看着妈妈年轻漂亮的样子也很高兴。可是夜里，小欣做了一个奇怪的梦：梦见许多小狐狸围着她要妈妈。小狐狸们说："你的妈妈穿上裘皮大衣，显得那么雍容华贵，可你知道吗？那是用我们妈妈的皮毛做的。看着我们的妈妈倒在血泊中，我们的心都要碎了……"

观后交流：

（1）女孩为什么会做这样的梦？

（2）听了女孩的诉说，妈妈会怎么想，怎么做？

**环节三：人类的觉醒**

1. "世界动物日"的诞生

12 世纪，意大利道士圣·弗朗西斯长期生活在阿西西岛的森林中，与动物建立了"兄弟姐妹"般的关系。他要求村民们在 10 月 4 日这天"向献爱心给人类的动物们致谢"。弗朗西斯为人类与动物建立正常文明的关系做出了榜样。后人为了纪念他，把 10 月 4 日定为世界动物日。

2. 中国的作为

中国人向来崇尚自然，为动物的生存和发展做出了重要的贡献，你知道有哪些可圈可点的作为？

如：设立野生动物自然保护区；制定各种政策法令保护动物，

如长江 10 年禁渔；用各种形式向人们宣传保护动物的重要性，如电影《可可西里》。

3. 讲述《一个真实的故事》

1986 年，徐秀娟受江苏盐城自然保护区的邀请，前往一个不迁徙的丹顶鹤野外种群。徐秀娟带去了 3 只丹顶鹤的蛋，并用她的体温孵育出 3 只小丹顶鹤。1987 年 6 月，徐秀娟从扎龙自然保护区带了两只丹顶鹤赶往盐城。当时，两只丹顶鹤没有按时归巢，徐秀娟外出寻找，不幸在沼泽地遇难……为了纪念她，作曲家将她的故事谱成了曲。（播放歌曲《一个真实的故事》）

4. 发出倡议

---

**倡议书**

**同学们：**

　　地球是人类与所有动物共同的家园。生命是平等的，任何一个生命都有其存在的价值。目前，地球上四分之一的哺乳动物、三分之一的两栖动物、八分之一的鸟类正面临生存危险。近 500 年来，全球已有 785 个已知物种灭绝，另有 65 个物种通过圈养或人工培育存活。

　　保护动物，让我们行动起来：坚决制止私自屠宰哺乳类动物，坚决制止食用野生动物行为，坚决制止经营养殖毛皮以及药用动物，坚决制止用活体制作标本现象，坚决制止大量无节制地钓鱼行为……

　　让我们常怀敬畏之心、感恩之情，做动物的"守护神"。

××学校

×年×月×日

---

板书：

## 动物是人类的朋友

**可爱　保护**

# 温暖老人心

农历九月初九　重阳节

【教学目标】

1. 培养学生爱老敬老的情感和主动关心、帮助老人的美德。

2. 理解老人的难处，为老人做一些力所能及的事。

3. 了解中国人口老龄化趋势，提高社会责任感、使命感。

【适用年级】各年级

【教学准备】采访家里的老人；制作课件

【教学过程】

**环节一：小小交流会 "爷爷奶奶的那些事"**

今天，我们请来了许多嘉宾。看，谁来了？（配乐播放爷爷奶奶的照片）

1. 热身交流

照片随机定格3~5张，请相关学生介绍自己的爷爷奶奶，说说他们的人生经历，以前是做什么的？工作时表现怎么样？她做过什么值得骄傲的事？人生中有过怎样艰难或坎坷的经历？现在的情况呢？

2. 自由介绍

还有谁想介绍自己的爷爷、奶奶？如果有照片，可以把照片拿上来给大家看。

3. 感动经历

爷爷奶奶为你做了哪些事？哪件事最让你感动？简要说说事情的经过和自己的感受。

小结：听了同学们的介绍，我们更尊敬、热爱自己的爷爷奶奶了。(板书：尊敬、热爱)

**环节二：小小观察员"他们老了"**

1. 我的发现

爷爷奶奶辛辛苦苦大半辈子，为家庭、为社会做出了巨大的贡献，可如今却渐渐老了。最近，同学们还做了回小小观察员，你从哪些方面观察到爷爷奶奶变老了？如：

头发白了，背驼了；视力下降，戴上老花镜了；听力下降，需要大声说话；腿脚不灵便，上下楼梯很吃力；体质下降，容易生病；话特别多；睡不着觉，记忆力差；爱发脾气，情绪低落；说话啰唆，总回忆过去，很容易伤心……

是啊，身体的变化，还伴随着心理的变化。我们发现，他们——真的老了。

2. 不和谐音符

因为变老了，有些人就开始嫌弃他们了，你们听（播放录音）：

(1) 好了，好了，我知道了，真啰唆。

(2) 有事吗？没事我挂电话了。

(3) 说了你也不懂，别问了。

(4) 说多少次不要你做，做又做不好。

(5) 你那一套，早过时了。

(6) 叫你别收拾我房间，东西都找不到了。

你有没有听过或说过这样的话吗？每当这时，你知道爷爷奶奶会怎么想？以后再碰到这样的情况，你会怎么做？

**环节三：实践体验场"当我老了"**

变老到底是一种什么感觉呢？同学们想不想体验一下？体验之前，有两个约定：（1）专心听好要求；（2）听到"开始"后再行动，否则算犯规。

1. "听指令"

> 体验方法：
> （1）请一、二、三组的同学从桌上取一对耳塞，轻轻戴上，面向四、五、六组的同学坐端正，手放在膝盖上。
> （2）请四、五、六组的同学面向一、二、三组的同学，坐端正，进行观察。
> （3）发布命令：请一、二、三组同学全体起立，先伸出左手，再伸出右手，击掌5下。

采访小观察员：小观察员，你发现了什么？

采访出错的同学：你为什么做错了？（没听清楚）

小结：是啊，当我们老了，耳朵里就像装了耳塞一样，听声音很吃力。

2. "找不同"

年纪大了耳朵的功能会变差。那眼睛呢？下面让我们进入第二项体验——"找不同"，请听体验规则。

> 体验方法：
> （1）请全体同学轻轻戴上眼镜，注意不要用手去拉或推。
> （2）仔细观察两幅图，找找这两幅图有哪些不同？举手说。
> （3）摘下眼镜放回原处，再找找，还有什么不同？刚才为什么没找出来？

小结：当我们也老了的时候，眼睛前仿佛罩着一层纱，东西都看不清楚了。

3. "翻山越岭"

下面进行第三项体验——"翻山越岭"。

（示图）上台体验的同学要戴上耳塞、眼镜，腿上各绑两个沙袋，然后翻越障碍物。请班里声音最响亮的同学来发布指令。注意，听到"开始"后再行动。

体验方法：
（1）请各组组长戴上耳塞、眼镜，在副组长的帮助下走到中间的小凳子旁，请副组长帮助组长，腿上各绑两个沙袋。其他同学进行观察。
（2）请组长在副组长的陪同下走到台前，排成两列纵队。
（3）中间的5张凳子就像五座大山，现在请组长翻越它们，副组长保护。

采访组长：刚才你"翻越大山"时感觉怎样？

采访副组长：老师发现你都快出汗了，为什么？

小结：当我们也老了的时候，走路都会害怕，过马路时心里慌慌的，和年轻人逛商场，都追不上他们。

讨论：通过体验，同学说说，以后我们能不能嫌弃老人了？不仅不能嫌弃，还要懂得宽容、理解、关心、照顾他们，让他们感到生活的温暖。（板书：宽容、理解、关心、照顾）

**环节四：慈心小剧场"温暖老人心"**

1. 角色考验

那我们应该怎样对待老人呢？下面让我们进入"慈心小剧场"，等会老师可是要考考你们喔。（老师戴白发演奶奶，随机走到孩子旁边发问，看学生的反映）准备好了吗？考验开始。

考验项目：
（1）宝贝，给奶奶念一下这个电话号码，我怎么使劲都看不清啊，你说什么？大点声！什么？再说一遍，大点声。（考验孩子是否耐心）
（2）哎哟，奶奶关节炎又犯了，站着都疼，走路像针扎一样，哎哟！（考验孩子是否让座，懂得安慰）
（3）孩子，过段时间就要期末考试了，你可要认真复习啊，考个好成绩让奶奶高兴高兴。一定要认真啊，必须要认真啊！（考验孩子是否能理解老人的关心）

(4) 哎，明天你又要和爸爸妈妈回城里去了，奶奶一个人住在乡下，屋子空荡荡的，尤其到了晚上，外面那么黑，我真的感到很害怕。（考验孩子是否懂得安慰）

2. 考验评价

对刚才能积极回应、能孝顺、理解老人的孩子表示赞扬。对其他视若无睹的孩子提出希望，希望把关心爱护老人落实到行动中，积极地行动。

**环节五：榜样加油站"孝爱之星"**

1. 同伴事迹

说到榜样，老师要向大家介绍一位"孝爱之星"，瞧，他来了。（播放事迹录像）

知道他是怎么成为孝爱之星的吗？（示图：21天孝爱记录卡）他就是用这样的方法督促自己养成尊老爱老的好习惯、好品质。

2. "孝爱之星"还给同学们推荐了一首小诗，我们一起来念一念。（相机出示漫画及诗句）

当有一天，他们想不起来或接不上话时，

当他们啰啰唆唆重复一些老掉牙的故事，

请不要怪罪他们。

当他们忘记系扣子，绑鞋带，

当他们开始在吃饭时弄脏衣服，

当他们吃饭时手不停地颤抖，

请不要催促他们。

因为你在慢慢长大，

他们在慢慢变老。

老师感受到了流淌在你们心中的对爷爷奶奶真挚的爱。只要我们像"孝爱之星"一样，"尊老爱老，日行一慈"，你也会成为"孝爱之星"。

**环节六：新闻发布会"温暖老人心"**

1. 相关法律

为了让每一位老人都拥有安定幸福的晚年，我们国家还制定了法律呢，来看一则新闻。从中你知道了什么？（录像：《中华人民共和国老年人权益保障法》……必须赡养老人，每年农历九月初九为老年节）

2. 爱心行动

同学们有没有想过？有些老人没有子女，有些老人的子女在很远的地方没办法照顾，该怎么办呀？（示图）节假日，我们可以和爸爸妈妈一起去老年公寓陪老人聊天，给老人表演节目，也可以跟义工团的叔叔阿姨为空巢老人家里搞卫生，帮他们梳头、剪指甲。用热情的微笑、关切的话语、真诚的行动，为老年人筑起爱的暖巢。这就是我们今天学习的主题——温暖老人心。

板书：

**温暖老人心**

*热爱　尊敬　理解　关心　宽容　体谅　照顾*

# 时刻准备着

10 月 13 日　建队日

【教学目标】

1. 了解队章的基本知识，初步培养珍爱红领巾、热爱少先队的情感。

2. 通过庄严的少先队礼仪，培育加入少先队组织的光荣感和自豪感。

【适用年级】一年级新生

【教学准备】参观队室，讲少先队的故事，邀请大队委员到场介绍

【教学过程】

**环节一：我们的组织**

1. 认识红领巾

（师戴上红领巾）小朋友看，今天老师和往常有什么不一样吗？老师胸前佩戴的是——红领巾，一起来喊一喊它的名字——红领巾。

（示展开图）睁大眼睛仔细看一看，红领巾是什么形状的？颜色呢？

多么鲜艳多么美丽的红领巾呀，每个少先队员都应该尊重、热爱红领巾，每天认真地佩戴红领巾，让它时刻飘扬在我们的前胸。（板书：热爱红领巾）

2. 知道队名

红领巾是红旗的一角，是中国少年先锋队的标志。（出示：中国少年先锋队）哪个小朋友认识上面的字？领着大家读一读这个光荣的组织的名称。

3. 认识中队旗、大队旗、队徽

中国少年先锋队是个光荣的群众性组织，这个组织不仅有自己的标志——红领巾，还有自己的队旗和队徽呢。小朋友，想认识一下吗？今天我们特地请来了大队部的大哥哥和大姐姐，请他们来向大家介绍吧，掌声欢迎！

大队委员 1（手持大队旗）：我手里拿着一面鲜艳的旗帜，它是大队旗。

大队委员 2（手持中队旗）：我手中的这面旗帜是中队旗。谁来说一说，中队旗和大队旗有哪些相同和不同的地方？

相同点：都是红色的，红色象征革命胜利；中间都有五角星和火炬。五角星代表中国共产党的领导，有了共产党的正确领导，才有我们现在幸福快乐的生活，火炬象征光明。五角星和火炬合起来有一个好听的名字，叫"星星火炬"（示图文）。谁来亲切地呼喊它的名字？

不同点：大队旗是长方形的，旗面比较大；中队旗缺了一角，旗面小一些。

大队委员 1：小朋友，知道中队旗上缺的这一角到哪里去了吗？让我们来动手拼一拼，红领巾是红旗的一角，这一角就是小朋友们将来要佩戴的红领巾。谁愿意和我一起来拼一拼？

大队委员 2：明年"六一"儿童节期间，将有一批优秀的一年级小朋友率先戴上红领巾，成为真正的少先队员。你想成为少先队员吗？看来，每个小朋友心中都怀着一个美好的愿望——（示句）早日戴上红领巾，成为光荣的少先队员。

大队委员 3（手持队徽）：小朋友们，看我手里拿的是什么？队徽上有几个字，谁能读一读？少先队的队徽是由写着"中国少先队"的红色绶带和星星火炬组成的。当天气炎热，我们穿着没有领子的衣服的时候，可以佩戴队徽代替红领巾。

谢谢 3 位大队委员。通过大哥哥大姐姐的介绍，小朋友们不仅认识了大队旗、中队旗，还认识了队徽，它们的身上都有一个相同的图案，那就是星星火炬！在星星火炬的引领下，我们的队伍里，涌现出了许多优秀的、值得我们学习的榜样。

**环节二：我们的榜样**

1. 表演唱《歌唱二小放牛郎》

文艺委员为大家演唱《歌唱二小放牛郎》。

从这首歌中，小朋友了解了一个怎样的革命小英雄的故事？

小结：王二小为了保护村里的老百姓，献出了自己年轻的生命，世世代代的中国人永远不会忘记他。

2. 讲故事《草原英雄小姐妹》

请学校广播站的播音员为大家讲述《草原英雄小姐妹》的故事。听完故事，小朋友们说说，为什么称这对姐妹为"草原英雄"呢？

小结：在危难时刻，为了不让公社的羊群受损，她们一连走了30 多里路。小小年纪，竟有如此高尚的情操，令人敬佩。

3. 情景剧《小英雄林浩》

故事情节：林浩是一个二年级学生，汶川大地震发生时，他和很多同学被压在废墟下。他艰难地爬出废墟后，不顾自己的安危，又在废墟中救出了两个同学。

如果是你，对面突如其来的地震，你愿意不顾自己的安危去营救他人吗？林浩做到了。2008 年北京奥运会，他成了最小的国旗手。让我们一起欣赏奥运会开幕式上林浩和篮球明星姚明叔叔一起步入会场的视频。

4. 我们身边的榜样

我们身边也有许多值得我们学习的优秀队员。今天我们请来了最近被评为"四好少年"的×××同学，欢迎他与我们见面。请小朋友们进行现场采访。

**环节三：准备好了吗**

要想加入少年先锋队（板书：加入少先队），光知道一些队知识还不够，我们还得做一些准备。

1. 做一件好事

我们要为集体、为他人做一件好事。前阵子，大队部开展了"生在国旗下，向往红领巾"的活动，小朋友们用照片、用视频记录了自己做好事的经过。（示图）瞧，他是谁？他在干什么？（播放三段录像：为班级整理图书角、为受伤的同学取餐、陪同学到医务室量体温）

这3个小朋友真是我们学习的好榜样。那你做了什么好事？也来给大伙介绍介绍吧。

小结：你们都是好样的，做了这么多的好事，老师忍不住要向你们翘起大拇指了。为了加入少先队组织，我们还需要学什么本领呢？

2. 学戴红领巾

关于戴红领巾，还有一首动听的儿歌呢，我们边念儿歌边学戴红领巾：

领巾披在肩，左边搭右边。

下边绕一圈，小角圈中过。

二角拉拉紧，美丽又可爱。

3. 学会敬队礼

在升国旗、参加队活动、上台表演、接受奖状等时候，少先队员都要敬队礼。敬队礼，需要立正，五指并拢，右手由胸前上举，举过头顶。举过头顶以后，要停留2~3秒。队礼表示"人民的利益高于一切"。礼毕后，从胸前放下。让我们一起试一试，请大队委员作示范。

4. 学唱队歌

中国少年先锋队队歌《我们是共产主义接班人》，我们一起来唱一唱。

5. 入队申请

加入光荣的少先队组织，我们还需要写一份入队申请。（显示表格）老师已经为小朋友们准备好了，今天带回去在爸爸妈妈的协助下，亲自填写完成后交给老师。

**环节四：师长们的期望**

1. 他们与红领巾的故事

加入"中国少年先锋队"，是我们人生的一件大事，是一件特别值得骄傲和光荣的事。你们的爸爸妈妈、爷爷奶奶、叔叔阿姨、老师们，曾经都是光荣的少先队员，来听听他们与少先队的故事吧。

播放采访录像：如为集体做的好事、第一次戴上红领巾的心情、自己觉得最光荣的一件事等。（如果条件允许，可请家长当场向孩子们讲述经历）

2. 父母寄语

小朋友们，你们的爸爸妈妈都特别希望你们能早日加入光荣的少先队组织，看，他们都发来了寄语。（播放视频）

3. 校长期望

你们的成长得到了好多人的关注，让我们听一听校长的期望。（播放视频）

4. 齐诵《队员知识拍手歌》

小朋友，拍手笑，队的知识要知道：

中国少年先锋队，党来创建和领导。

红旗一角红领巾，佩戴胸前多自豪。

五指并紧行队礼，人民利益最最高。

诚实勇敢和活泼，团结一心作风好。

星星火炬指方向，时刻准备把重担挑。

加入少先队，是我们最美好的愿望。为了这一天的到来，你准备好了吗？——时刻准备着！

板书：

### 时刻准备着

**热爱红领巾　加入少先队**

235

# "新长征中队"创建仪式

10 月 22 日　红军长征胜利纪念日

【教学目标】

1. 了解长征故事，感悟长征精神。

2. 激发民族自信心和自豪感，激励青少年为实现"中国梦"努力奋斗。

3. 培养积极向上、团结进步的班集体。

【适用年级】小学中、高年级，初中

【教学准备】了解长征故事、诵读长征组诗；制作课件

【教学过程】

**环节一：红军不怕远征难，万水千山只等闲**

1. 回顾长征历程

（示图）2022 年是红军长征胜利 86 周年。1934 年 10 月 16 日，中央红军由于第五次反围剿的失败而被迫突围西行。

（示图）他们从江西瑞金出发，纵横 11 个省份，经过 2.5 万余里的艰难跋涉，1936 年 10 月，到达陕北延安，历时两年整。

（示图）红军长征，跨越了 24 条大河，征服了 40 多座名山险峰，穿过了被称为"死亡陷阱"的茫茫草地，进行了 380 余次战斗，攻占了 700 多座县城。长征的胜利是人类战争史上的奇迹。

为了让长征精神成为激励我们前进的巨大动力，我们决心创建"新长征中队"。下面，有请班委对我们前期开展的创建工作作总

2

6

结汇报。

2. 创建工作汇报

（示图）为了了解长征，同学们在学校集中观看了长征电影《金沙水拍》，整整一个半小时，教室里鸦雀无声。同学们还在家里观看了24集电视连续剧《长征》，都写下了观后感。请学生代表朗读。

（示图）我们还举行了"长征故事"交流会，《金色的鱼钩》《马背上的小红军》《草地夜行》《巧渡金沙江》《飞夺泸定桥》等一个个感人的长征故事，像一座座丰碑矗立在了我们的心中。请学生代表讲故事。

（示图）班里还开展了"红军颂 长征魂"长征歌曲和诗词朗诵会。下面给大家朗诵两首我们最喜欢的长征诗。

| 忆秦娥·娄山关（毛泽东） | 七律　长征（毛泽东） |
| --- | --- |
| 西风烈，长空雁叫霜晨月。霜晨月，马蹄声碎，喇叭声咽。雄关漫道真如铁，而今迈步从头越。从头越，苍山如海，残阳如血。 | 红军不怕远征难，万水千山只等闲。五岭逶迤腾细浪，乌蒙磅礴走泥丸。金沙水拍云崖暖，大渡桥横铁索寒。更喜岷山千里雪，三军过后尽开颜。 |

（示图）班里还开展了"红军不怕远征难"书法作品比赛，一幅幅长征书法作品寄托着我们对先辈的缅怀与崇敬。

3. 长征胜利探究

长征是中国革命和人类历史上的一座丰碑。在缺衣少粮、前有埋伏后有追兵、敌我兵力绝对悬殊的情况下，是什么让红军克服万难，最终取得了胜利呢？请同学们结合课前收集的长征资料谈谈自己的看法。

（1）信念坚定：不管是将军还是士兵，不管是老战士还是小红军，他们都对革命充满了必胜的信心。正因为有了坚定的信念，所以他们不怕危险，不怕牺牲，团结一心，最终取得胜利。

（2）舍己为人：军需处长把棉衣都让给了战士，自己却冻死了；老班长把钓来的鱼都给了伤病员，自己却饿死了；小红军不要骑将军的马，其实他是不想拖累将军……他们是一支真正能做到"把生的希望留给别人，把死的危险留给自己"的队伍，这样的队伍怎么不会胜利呢？

（3）对党忠诚：一位刚刚入党的警卫员为了抢救文件箱，陷入了泥潭，当他渐渐沉沉下去的时候，手里还紧紧攥着一块银圆，这是他第一次也是最后一次交党费。

（4）身先士卒：贺龙将军省下自己的干粮，一口一口地喂给伤病员吃；毛主席下令把刚生下不久的女儿留在苗族老乡家里……为了革命，红军领导人身先士卒，和战士们同甘共苦，同样是长征取得胜利的砝码。

（5）纪律严明：不管到哪里，红军都纪律严明，不拿群众一针一线，即使下大雨，不经过老乡同意，决不走进他们的房屋。尤其到少数民族地区，红军更能尊重当地的习俗，所以得到了老百姓的爱戴和拥护。

……

小结：长征，已经作为一个符号，走进了历史，铭刻在我们记忆的深处。那作为生活在和平时期的我们，纪念长征，追忆长征，又有什么意义呢？我们为什么要创建"新长征中队"呢？

4. 微演讲

同学们：当我们沉溺于网络游戏、不思进取的时候，当我们吃着美味、喝着鲜奶、为明星疯狂的时候，当我们在学习上、生活上碰到困难的时候……想一想长征吧，想一想80多年前那些为了下一代的幸福，衣衫褴褛，嚼着草根，用冰雪解渴，迎着炮火，不怕牺牲的红军将士吧。如果说当年他们所面临的是漫漫征程，我们今天面临的又何尝不是一次艰辛的长征呢？学习是一次长征，实现中华民族的伟大复兴更是一次长征。我们创建"新长征中队"，就是要接过长征精神的光辉旗帜，不怕苦，不怕累，不怕困难，信念坚定，顽强拼搏，在新长征之路上创造属于我们的胜利！

**环节二：雄关漫道真如铁，而今迈步从头越**

1. 认识"新长征"

"雄关漫道真如铁，而今迈步从头越。"新中国的成立，便是"新长征"的开始，无数中华民族的优秀儿女为了新中国的发展，在自己的岗位上孜孜不倦，取得了"新长征之路"上一枚枚硕果。前段时间，同学们阅读了许多具有"新长征"精神的时代先锋故事，收获颇多。

2. "新长征"路上的先锋

下面，请大家用一两句话向大家介绍"新长征"先锋，把写有先锋名字的小红旗贴到黑板上来并讲讲他们的故事。（配乐交流）

（1）两弹元勋钱学森、邓稼先、王淦昌。

（2）全心全意为人民服务的雷锋、徐虎。

（3）一身正气、惩恶扬善的女警官任长霞。

（4）解决 7000 万人吃饭问题的"中国杂交水稻之父"袁隆平。

（5）中国核潜艇之父黄旭华。

（6）乘"蛟龙"五洋捉鳖的潜水英雄叶聪。

（7）草根创业改变世界的阿里巴巴创始人马云。

（8）第一位获得诺贝尔生理医学奖的华人科学家屠呦呦。

……

这些时代先锋，就是飘扬在新长征之路上的一面面旗帜，让我们跟随他们的脚步，去学习，去创新，去奋斗。

**环节三：奋进"十四五"，少年共建功**

1. 认识"十四五"

2021 年是党的"十四五"规划的起始年。什么是"十四五"呢？请学校团支部书记为大家做介绍。

介绍："十四五"就是我们祖国第十四个五年规划，是我们祖国近 5 年（2021~2025 年）的奋斗目标，全国人民要众志成城，完成"十四五"的奋斗目标，在"新长征"之路上留下光辉的一笔。

2. 少年共建功

在未来 5 年的"新长征"之路上，我们要时刻以先锋为榜样，洒下汗水，收获希望。希望"新长征"中队的队员们能"团结一心，一路奋进共建功"。

请校长颁发"新长征中队"队牌，请班长接牌。（颁奖音乐）

最后，让我们面向国旗、党旗，举起右拳，庄严宣誓：

"我是'新长征中队'队员，我在队旗下宣誓，牢记先辈嘱托，继承长征精神，不怕困难，意志坚强，刻苦学习，互帮互爱，在新长征之路上奋勇向前！"

板书：

**"新长征中队"创建仪式**

# 喜迎二十大　筑梦向未来

2022 年 10 月　党的二十大

【教学目标】

1. 重点了解党的一大、十一大、十二大、十八大、十九大的会议内容，知道党代会与老百姓的生活息息相关，培养对党、对社会主义祖国的朴素感情。

2. 迎接党的二十大，提高历史责任感和使命感。

【适用年级】小学高年级，初中

【教学准备】了解党的历史；制作 PPT

【教学过程】

**环节一："二十大"是个怎样的大会**

1. 问题导入

同学们，2022 年秋天，中国共产党即将在北京召开一个最高级别、也是最重要的大会，是什么大会？（党的二十大）

2. 解读"二十大"

"二十大"究竟是个怎样的会议呢？来看一段视频。

**视频介绍**：101 年前，也就是 1921 年，中国处于清朝末年，经济落后，政府腐败，尤其是鸦片战争和八国联军的入侵，给中华民族带来了前所未有的灾难。就是在这样黑暗的年代，李大钊、陈独秀等中国先进分子决定建立中国共产党，救国家于危亡，救人民于水火。1921 年 7 月，中国共产党在上海和嘉兴南湖召开了第一次全国代表大会，诞生了党的中央机关。之后，中国共产党又先后召开了第二次、第三次……第十九次全国代表大会。2022 年 10 月，中国共产党即将召开第二十次全国代表大会，简称"二十大"。

看了视频的介绍，同学们知道了什么？

小结：没有党的第一次代表大会的召开，就没有新中国的诞生。中国共产党通过一次次大会，领导人民从站起来，到富起，到强起来，已整整走过了 101 个春秋。101 年后的秋天，我们又将迎来党的第二十次全国代表大会。这次大会，将为中国的发展制定新的目标和战略，所以全国人民欢欣鼓舞、满心期待。

**环节二：党代会和老百姓有什么关系**

党的代表大会和老百姓有什么关系呢？课前，同学们分小队重点研究了党的十一大、十二大、十八大、十九大，收集资料，调查采访，并编排了节目，下面请各小队进行汇报展示。

第一小队：党的十一大、十二大——"吹起改革的春风"

（1）改革开放：1978 年 12 月，党的十一届三中全会在北京召开，会议决定中国实行对内改革、对外开放的政策。1978 年 11 月，安徽省凤阳县小岗村实行"分田到户，自负盈亏"的家庭联产承包责任制，拉开了中国对内改革的大幕。1979 年，邓小平"在南海边画下一个圈"，决定在深圳、珠海、厦门、汕头建立"经济特区"，为中国的改革开放提供了宝贵的经验。

观看纪录短片：《春天的故事》

（2）人民生活蒸蒸日上：1982 年 9 月，党的第十二次全国代表大会（简称"十二大"）在北京召开，第一次提出了"建设有中国特色的社会主义"的崭新命题。自此，改革开放进入全面展开阶段，中国人民的劳动积极性前所未有地高涨。中国就像一片希望的田野，欣欣向荣、蒸蒸日上。电话机、电视机、洗衣机、电冰箱……就是在这个时期走进了普通老百姓的家中。

第二小队：党的十八大——"全面建成小康社会"

中国共产党第十八次全国代表大会（简称"十八大"）于2012年11月8日在北京召开。让我们通过几个关键词来认识"十八大"。

（1）建成小康：之前国家一直提"建设"小康社会，但十八大将"建设"改为"建成"，一字之变，是质的飞跃，更是极大的挑战。这一目标，极大地激发了全国人民的奋斗热情。什么样的社会称得上小康社会呢？来看一组数据：

> 一是人均国内生产总值超过3000美元。（根本标志）
> 二是城镇居民人均可支配收入1.8万元。
> 三是农村居民家庭人均纯收入8000元。
> 四是恩格尔系数低于40%。
> 五是城镇人均住房建筑面积30平方米。
> 六是城镇化率达到50%。
> 七是居民家庭计算机普及率20%。
> 八是大学入学率20%。
> 九是每千人医生数2.8人。
> 十是城镇居民最低生活保障率95%以上。

针对以上数据，结合活动前对家庭的调查了解，同学们说说，你们家是否已经过上了"小康生活"？

（2）两个翻番：实现国内生产总值和城乡居民人均收入比2010年翻一番。这是中共首次明确提出居民收入倍增目标。老百姓的收入是否真的比2010年翻了一倍呢？我们小队采访了好多身边的居民，来听听他们的回答。（观看《采访纪实》）

（3）美丽中国：十八大强调，必须树立尊重自然、顺应自然、保护自然的生态文明理念，建设美丽中国，实现中华民族永续发展。十八大提出的"美丽中国"实现了吗？同学们就自己的家乡、居住的小区拍摄了照片，并和10年前的模样一一对比，一起来欣

赏摄影作品《家乡旧貌换新颜》。

（4）两个"百年"：到建党100年时，全面建成小康社会；到新中国成立100年时，全面建成社会主义现代化强国。第一个百年目标已经实现，算一算，第二个百年目标是哪一年？（2049年）2049年你们是几岁？（40岁左右）祖国第二个百年的梦想，就要靠你们去实现！

（5）24字核心价值观："社会主义核心价值观"我们耳熟能详，中国不仅要发展经济，更要依法治国，弘扬美德，提高全社会的文明素养。

（6）反腐倡廉：习近平总书记指出，全党必须警醒起来，必须牢记，只有植根人民、造福人民，党才能始终立于不败之地；只有居安思危、勇于进取，党才能始终走在时代前列。

诗朗诵：

"八项规定"立竿见影，刹住"四风"人人欢迎。

"打虎""拍蝇"激浊扬清，中华大地气正风清。

小结：十八大提出的奋斗目标，让全国人民信心倍增。中央纪委查处的腐败案件数量之多、层级之高，充分证明了中国共产党壮士断腕的决心和自我革新的勇气。党的十八大后，泱泱华夏惠风和畅、天朗气清。

第三小队：党的十九大——"不忘初心 牢记使命 决胜小康"

2017年10月18日，党的第十九次全国代表大会（简称"十九大"）在北京召开。让我们通过几个关键词来认识"十九大"：

（1）一带一路：坚持引进来和走出去并重，加强创新能力开放合作，形成陆海内外联动、东西双向互济的开放格局。

观看央视公益广告《一带一路 共创繁荣》

（2）绿化国土：推进荒漠化、石漠化、水土流失综合治理，强化湿地保护和恢复，加强地质灾害防治。

故事讲述：宋培智《植树造林质朴心 千亩黄沙变绿洲》

（3）"不忘初心、牢记使命"：用党的创新理论武装头脑，推动全党更加自觉地为实现新时代党的历史使命不懈奋斗。

（4）脱贫攻坚：2021 年，经过全党全国各族人民的共同努力，在迎来中国共产党成立 100 周年的重要时刻，我国脱贫攻坚战取得了全面胜利，说明中国已经全面进入"小康社会"。

讲述：《对这土地爱得如此深沉》——记"全国脱贫攻坚先进个人"李桂莲

（5）中国梦：习近平总书记在党的十九大报告中指出："我们比历史上任何时期都更接近中华民族伟大复兴的目标，比历史上任何时期都更有信心、更有能力实现这个目标。""中国梦"体现了中国共产党高度的历史担当和使命追求。

小结：十九大，将中国推向了一个更高、更快、更强的发展平台，在政治、经济、文化等各个方面，都取得了历史性的发展和进步。人们对"实现中华民族伟大复兴"的目标充满信心。

**环节三：喜迎二十大，筑梦向未来**

1. 红领巾小提案

党的二十大就要召开了，你希望在这个大会上，我们党为祖国的发展制定哪些新目标和新政策呢？我们也来当一回小代表，提出自己的建议吧！

2. 喜迎二十大

党的二十大马上就要召开了，我们该怎样迎接这一盛会的到来呢？

诗朗诵《喜迎二十大 童心永向党》

3. 筑梦向未来

习近平总书记说，新时代是追梦者的时代，也是广大青少年成就梦想的时代。你有什么梦想呢？为了这个梦想你准备怎么努力呢？给同学们留一份特殊的作业，制定《我的成长规划书》。

课堂总结：从 1921 年至 2021 年，从党的"一大"到"十九大"，中国共产党走过了百年风雨历程，带领全国人民，走完了西方发达国家几百年的现代化发展历程，演绎了自强不息的伟大传奇。历史证明，只有社会主义才能救中国，只有中国特色社会主义才能发展中国。山雄有脊，房固有梁。中国共产党就是高山之脊，大厦之梁。在"两个一百年"奋斗目标的历史交汇点上，"二十大"的召开，无疑是党发展历程中的一个新起点。同学们，新征程的号角已经吹响，让我们面向鲜艳的五星红旗立下誓言：人添志气虎添翼，无须扬鞭自奋蹄，中国少年，顶天立地有豪气。让我们以祖国未来的名义，致敬伟大的中国共产党，预祝中国共产党第二十次全国代表大会圆满、胜利！

板书：

**喜迎二十大　筑梦向未来**

人添志气虎添翼，无须扬鞭自奋蹄。

中国少年，顶天立地有豪气。

# 火房逃生

11 月 9 日　中国消防日

【教学目标】

1. 了解火的作用及危害。

2. 增强消防安全意识，学习消防自救方法。

【适用年级】各年级

【教学准备】各小队分工学习逃生方法；制作课件

【教学过程】

**环节一：揭示主题，感受"火"的作用和危害**

1. 火的作用

火，对人类起到了怎样的作用？

（示图：普罗米修斯盗火）是火带给人类光明，推动人类社会走向文明。

（示图：古人钻木取火、烧烤食物）是火，让人类告别蛮荒时代。

2. 火的危害

火是人类的朋友，但是，火一旦失去控制就会造成灾难，古往今来，惨痛的经历不胜枚举。（示图）可怕的火灾现场触目惊心，给社会造成了巨大损失。我们身边发生过哪些火灾？

3. 小结

一个个血淋淋的事实摆在我们面前，我们为死难者、受伤者悲痛、惋惜的同时，更应该增强安全防范意识，学习用科学的方法保护自己，提高自护自救能力。时下，政府下令严厉查处并整治"三合一"（即同时供生产、居住、物资存放为一体的房子），就是为老百姓的生命财产负责。这节课，我们一起学习"火房逃生"的知识和技能。

**环节二：小队合作，汇报研究成果**

下面，请各小队上台汇报研究成果，汇报时间不超过6分钟。比一比，哪队的研究更实在，汇报更精彩。

【火情侦查队】

1. 起火原因

大家好，我们是"火情侦察队"。珍爱生命，远离火灾，我们小队重点研究起火的原因。我们通过网上学习，向大人询问等方法，对起火原因进行了归纳：

（1）人的不安全行为：如抽烟后随地乱扔，儿童玩火，衣服掉在点着的蚊香上面，烧菜时油太烫油锅起火等。以前大兴安岭的火灾起因是一个烟头引起的。

（2）物的不安全行为，如打火机放在强烈太阳底下引起自燃、电线线路老化、粮草自燃等。

（3）管理上的缺陷，比如煤气或天然气的泄漏，煤气和天然气泄漏本身是不会引起火灾的，但一旦碰到明火，就会迅速燃烧，后果极其严重。

（4）打雷、火山喷发。

我们身边发生的火灾，大都是因为电线老化或用电超负荷引起的。发生火灾，我们应该立刻逃离，并拨打119火警电话。

关于报火警，我们小队还排了一段小小品。

2. 小小品《着火了》

**乙：**不好啦！我家起火啦！我得赶紧报火警。（拨电话）110，不对不对；120，也不对；140，哎呀，更不对。噢，想起来了，是119。喂，消防队吗？

甲：喂，我是消防队火警调度台。

乙：我家着火了！着火了！快来啊！

甲：别紧张，慢慢说，你家住哪儿啊？

乙：（哭）快来啊，救命啊！救命啊，快来啊！

甲：你家住哪儿啊？请你把地址说明白，喂，喂！喂喂！

3. 诵读《报警歌谣》

报警早，损失小，"119"电话要记牢。

社会主义制度好，救火分文都不要。

报清门牌和号码，说明火势大和小。

跑到马路等车来，救火时间能提早。

【火势分析队】

火情判断

大家好，我们是"火势分析队"。我们小队重点研究起火后火势的发展情况，我们在学校安全平台学习了许多关于消防安全的宣传资料，收获很大。下面我们结合 PPT 向大家汇报。

发生火情，一定要保持镇静。如果是明火引起的火灾，比如烟头、蜡烛等，火灾初起阶段，一般是很小的一个点，燃烧面积不大，产生的热量不多。只要随手用沙土、干土、浸湿的毛巾、棉被、麻袋等去覆盖，就能使初起的火熄灭。当电器起火时，千万不能直接用水去浇灭，断开电源后再灭火。如果电线、插座起火，必须切断总电源，可以选用干棉被捂住，或者用灭火器灭火，千万不能直接用水浇。当然，这些做法对我们来说都很危险，必须由大人去完成。如果火势蔓延，必须迅速撤离，切记，一定要往火势的相反方向走，不能盲目逃生。还有一点提醒大家，不管去电影院、大商场、大超市，我们都要有心留意安全出口的位置，以防万一。

【逃生技能队】

1. 逃生技能

大家好，我们是"逃生技能队"，我们小队重点研究火房逃生的技能和方法。我们不仅从书上、网上学习了许多逃生技能，还在校外辅导员的帮助下参观采访了消防大队。（播放参观采访录像）我们参观了消防车，穿上消防衣，学习了用水枪灭火。消防员叔叔还给我们讲了许多他们在执行任务过程中惊心动魄的故事。临别时，消防员叔叔还送给我们一些火房逃生漫画宣传手册，下面我们就结合漫画宣传手册为大家介绍《火房逃生十五法》：

> 绳索自救法、匍匐前进法、毛巾捂鼻法、棉被护身法、毛毯隔火法、被单扞结法、跳楼救生法、管道下滑法、竹竿插地法、攀爬避火法、楼梯转移法、卫生间避难法、火房求救法、逆风疏散法、搭桥渡火法

火房逃生除了知识、技能，更需要冷静和勇敢。英国作家笛福说："害怕危险的心理比危险本身还要可怕一万倍。"还需要守秩序，讲道德，甚至要有自我牺牲的精神。

2. "火房逃生"小实验

这个瓶子相当于着了火的房子，只有一个出口，里面系着绳子的乒乓球相当于被困在火房中的小朋友，我们来进行一下测试，怎样逃生所花时间最短。（有序逃生，不拥挤、不争抢）

【安全防范队】

1. 安全防范方法

大家好，我们是"安全防范队"，火灾不留情，防范要先行。怎样防止火灾呢？先来看一段视频。（视频简介：经常检查家里的煤气灶是否关闭、烟头必须熄灭、厨房经常清洗油污、阳台不堆杂物等）

另外，我们可以根据学校、家庭的特点，绘制逃生示意图，认

真参加学校组织的安全逃生演练。我们还建议每个家庭配置必要的消防器材，如（示实物）灭火器、灭火毯、防毒面具、逃生绳、高空缓降器、手电筒等。虽然火灾发生时，不建议未成年人使用灭火器灭火，但了解一下灭火器的使用还是很有必要的。今天，我们请来了学校的保安叔叔，他可是消防能手，下面请他为我们介绍灭火器的种类和使用方法。

2. 学习使用灭火器

保安边演示边介绍：灭火器的种类主要有三大类，按所充装的灭火剂又可分为：泡沫、干粉、卤代烷、二氧化碳、酸碱、清水等灭火器，家庭一般使用的是手捏式二氧化碳灭火器。灭火器内的灭火剂也是有保持期的，一般为 2 年。外接的皮管等也要定期检查、更换。下面，我给大家演示一下灭火器的使用方法，感兴趣的队员可以来试一下。逃生绳、高空缓降器只能给大家演示一下穿戴方法，具体操作时比较危险，需要大人的帮助。

**环节三：发出倡议，珍爱可贵生命**

1. 教师总结

同学们，我们用将近一个星期的时间学习、研究火房逃生的知识和技能，今天各小队都进行了精彩的交流和汇报，老师不禁要为同学们的探究能力和团队协作能力点赞。珍爱生命，保护生命。学习消防安全知识，掌握一些火房逃生的技能和方法，在关键时刻就能发挥大作用。（板书：珍爱生命　保护生命）

2. 宣读倡议书

板书：

**火房逃生**

**珍爱生命　保护生命**

# 宪法是根本法

12 月 4 日　国家宪法日

【教学目标】

1. 树立宪法至上的意识，遵守宪法。

2. 知道宪法是我国的根本法，具有最高的法律效力，正确认识宪法与其他法律的关系。

【适用年级】小学高年级，初中

【教学准备】了解生活中的宪法；制作课件

【教学过程】

课前播放《宪法说唱》。

**环节一：宪法是根本法**

1. 法律家族成员

课前，同学们已经认识了我国法律家族的许多成员，把你们重点研究的法律名称写在红苹果上，并贴到黑板上。

我国有 200 多部普通法律，这么多法律是由我国七大法律部门派生出来的，能说出它们的名字吗？（依次板贴）"刑法""社会法""民法商法""宪法相关法""行政法""经济法""程序法"，这七大法律部门又是依据什么来制定的呢？（出示：宪法）

2. 法律树

如果把我国社会主义法律体系的构成看作一棵大树，那么宪法就是大树的树根，7 个法律部门就是 7 条主干，其他普通法律就好比大树上繁茂的枝叶和花果。根据老师的介绍，谁来调整这些板贴。（调整板贴，形成"法律树"）

从这一棵大树上看出，在社会主义法律体系中，宪法与其他法律法规不同，它有着至高无上的地位，是国家的根本法。

**环节二："母法"与"子法"**

1. 案例分析

通过刚才的学习，我们知道了在以宪法为根的大树上有很多的法律，（出示数字）这5个数字里藏着5个生活中出现的案例（学生上台点一个数字，出示一个案例描述），请同学们讨论应该参照哪一部法律来解决相关问题。

案例1：一个人故意在工厂仓库纵火。（刑法）

案例2：小明12岁，但爸爸妈妈不要他上学了，让他外出打工。（义务教育法）

案例3：红红8岁，被聘为一个服装品牌的广告代言人。（广告法）

案例4：电影《少年的你》校园欺凌片段。（未成年人保护法）

案例5：化工厂经常在半夜后偷偷往河里排放污水。（环境保护法）

通过法律和它涉及的内容，我们发现，普通法律是对社会生活中某一方面的规定。宪法规定国家和社会生活中最重要、根本性的问题。

2. 宪法的地位

什么是国家和社会生活中最重要、根本性的问题呢？

来看一下《宪法》的目录，你发现了什么？

小结：宪法是其他法律的立法基础和立法依据。宪法与普通法律的这种关系，通常被称为"母法"与"子法"的关系。毛主席说过：一个团体要有一个章程，一个国家也要有一个章程，宪法就是一个总章程，是治国安邦的总章程。

**环节三：宪法具有最高法律效力**

1. 宪法大讲堂

出示案例：

2003 年 3 月 17 日，27 岁的孙志刚在广州大街上行走时，因为未办理暂住证被收容。3 天之后，孙志刚在广州收容人员救治站被打死。

5 月 16 日，许志永、俞江、滕彪 3 位青年法学博士以公民名义"上书"全国人大常委会，要求对国务院制定的《城市流浪乞讨人员收容遣送办法》有关条款进行违宪审查。6 月 18 日，国务院宣布废止 1982 年 5 月发布的《城市流浪乞讨人员收容遣送办法》。

讨论：为什么国务院要宣布废止 1982 年 5 月发布的《城市流浪乞讨人员收容遣送办法》？阅读下面的法律条款，你发现了什么？

《城市流浪乞讨人员收容遣送办法》第十三条规定："收容遣送站要及时组织遣送。被收容人员留站待遣时间：省内的一般不超过十五天；外省的一般不超过一个月。"

《中华人民共和国宪法》第三十七条规定：中华人民共和国公民的人身自由不受侵犯。任何公民，非经人民检察院批准或者决定或者人民法院决定，并由公安机关执行，不受逮捕。禁止非法拘禁和以其他方法非法剥夺或者限制公民的人身自由，禁止非法搜查公民的身体。

小结：《城市流浪乞讨人员收容遣送办法》第十三条与《宪法》第二章第三十七条相抵触，所以要被废除。由此可见，宪法具有最高法律效力。（板书：具有最高法律效力）

**环节四：宪法在生活中的踪迹**

1. 宪法踪迹

人们总感觉《宪法》至高无上，和老百姓没啥关系，随着国家

对宪法宣传的日益重视，我们发现宪法与我们的生活息息相关。你在哪里找到了宪法在生活中的踪迹呢？（学生自由交流）

2. 案例分析

（1）小明听见爸爸妈妈在聊天，爸爸说："这个月我工资单上交的税又增加了。"妈妈说："我今天也看了一下工资条，交的税也比上个月多了。"小明好奇地问：怎么你们两个都要交税的，能不交吗？

（2）村上王大伯家的儿子通过了服兵役的各项检查，要到广西去当兵。王大伯觉得太远不放心，不想让儿子去服兵役。

（3）一个调到外市上学的同学经常给小红写信，小红把信放在床头柜里。有一天，她看见妈妈在她房间里偷偷翻看她的信，她很生气。

（4）张大爷生了两个儿子，他的老伴生病过世后没人照料他。他去大儿子家，大儿子说家里挤，让他去二弟家。来到二儿子家，二儿子说母亲活着的时候住在他家，所以父亲老了应该要去住大哥家。张大爷伤心极了。

（5）班上同学李健10岁时父母离婚，当时把他判给了母亲。但一年后他的母亲因车祸去世了。他便去找父亲，可父亲已经有了新的家庭，不愿意抚养他。李健只能跟着体弱多病的外婆生活。

（6）"带货一姐"被罚：黄薇（网名：薇娅）在2019年至2020年期间，通过隐匿个人收入、虚构业务转换收入性质虚假申报等方式偷逃税款6.43亿元，其他少缴税款0.6亿元。国家税务总局杭州市税务局稽查局依据《中华人民共和国个人所得税法》《中华人民共和国税收征收管理法》《中华人民共和国行政处罚法》等相关法律法规规定，按照《浙江省税务行政处罚裁量基准》，对黄薇追缴税款、加收滞纳金并处罚款，共计13.41亿元。

总结：宪法是写着人民权利的"保证书"，但权利和义务是统一的，公民在享受宪法赋予的基本权利的同时，也必须履行宪法规定的基本义务。同学们不仅要学法、懂法、知法、守法，还要把学到的宪法知识告诉家人、亲戚、朋友，让更多的人知道宪法就在我们身边。

　　板书：

**宪法是根本法**

*母法　具有最高法律效力*